NOTICE HISTORIQUE

SUR LA

PAROISSE DE BLÉCOURT.

Lk7 1921

Chaumont, typ. CAVANIOL.

H. Guiet del. et Lith. Imp. Cavan[illegible] à Chaumont

NOTRE-DAME DE BLECOURT

NOTICE HISTORIQUE

SUR LA

PAROISSE DE BLÉCOURT

(HAUTE-MARNE)

PAR

L'Abbé J.-B.-A. CRÉPIN

Curé de Blécourt

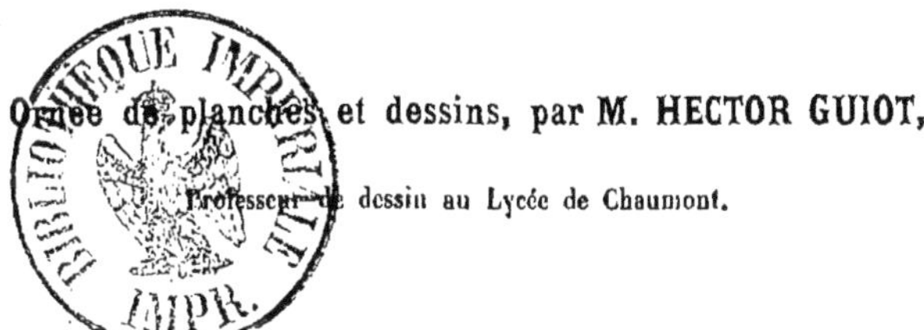

Ornée de planches et dessins, par M. HECTOR GUIOT,

Professeur de dessin au Lycée de Chaumont.

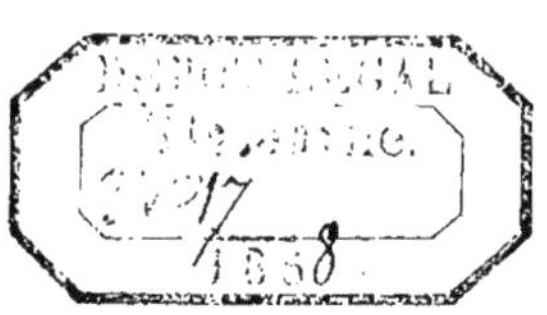

CHAUMONT

TYPOGRAPHIE CHARLES CAVANIOL.

1858.

HOMMAGE

A

M. Le Baron LESPÉRUT,

Député de la Haute-Marne.

Monsieur le Baron,

L'église Notre-Dame de Blécourt a été classée au nombre des monuments historiques en 1841. Mais la commune et la fabrique n'ont pu seconder à cette époque les intentions bienveillantes de l'administration supérieure, et jusqu'à présent on n'a encore rien fait pour ce monument si digne d'intérêt.

Vous avez bien voulu visiter l'église de la paroisse qui m'est confiée et faire agréer à S. Ex. M. le Ministre d'Etat le devis de réparations dressé il y a peu de temps par M. Boeswilwald, architecte du gouvernement. J'ai la confiance que, grâce à vos démarches, les besoins de Notre-Dame de Blécourt seront entendus d'un gouvernement dont la sollicitude pour tout ce qui est beau, tout ce qui est grand, fait qu'en soignant les objets d'art de la cité, il ne néglige pas ceux du plus modeste village.

Permettez-moi, Monsieur le Baron, de vous prier d'agréer l'hommage de mon travail, comme un témoignage public de ma reconnaissance pour l'intérêt que vous portez à la paroisse de Blécourt.

Je suis avec respect,

Monsieur le Baron,

Votre très humble et obéissant serviteur,

J.-B.-A. CRÉPIN,

Curé de Blécourt,

C'est pour obéir à un devoir en même temps que pour répondre aux désirs qui nous ont été souvent manifestés que nous nous décidons à publier, aujourd'hui, une notice sur la paroisse de Blécourt.

Ces sortes d'études ne sont pas sans intérêt pour l'histoire générale. Si, au premier coup d'œil, l'histoire d'un village ne paraît intéressante que pour ceux qui l'habitent, cependant il est évident qu'elle peut éclairer divers points encore obscurs et mettre au jour différents événements échappés aux recherches des annalistes, et qui méritent les honneurs de la publicité. C'est donc rendre service au pays que de raconter les événements dont une contrée, si ignorée qu'elle soit, a été le témoin, surtout si on a examiné les titres, constaté les traditions, interrogé les monuments, si, en un mot, on a réuni tous les documents.

Mais notre ambition n'a pas été si grande. La vive

affection dont nous sommes pénétré, pour un pays dont nous sommes le pasteur, est le mobile principal de notre travail. Il nous a semblé qu'il pourrait être de quelque utilité de remettre au jour certains faits ignorés ou défigurés. Nous n'avons rien négligé pour arriver à réunir, d'après les sources les plus dignes de foi, tout ce qui peut intéresser nos paroissiens. Ils voudront bien, nous en avons l'espoir, accueillir avec bienveillance, les pages que nous consacrons à Blécourt.

Jusqu'en 1790, Blécourt dépendait de la province de Champagne, de la généralité de Châlons, de l'élection de Joinville et du diocèse de Châlons. Il était situé presque à l'entrée du Vallage qui comptait comme villes principales : Joinville, Bar-sur-Aube, Arcis-sur-Aube et Wassy. Depuis la formation des départements, en l'an VIII, il fait partie du département de la Haute-Marne, de l'arrondissement de Wassy, du canton de Joinville et du diocèse de Langres. Il est éloigné de 42 kilomètres du chef-lieu du département, de 19 kilomètres de Wassy et de 9 seulement de son chef-lieu de canton. Sa population, d'après le dernier recensement, est de 218 habitants. Ferrières et la Folie qui en dépendent, sous le rapport religieux, possèdent ensemble 236 habitants. En 1686, Blécourt comptait « 46 chefs de famille; » et, en 1709, Ferrières, que l'on nommait alors « Fryères, » avait 46 feux. C'est sur un plateau régnant du sud-sud-ouest au nord-nord-est, entre la bruyante vallée de la Marne et le Blaiseron, qui va se jeter dans la Blaise, après un cours parallèle de 21 kilomètres, que se trouve assis le village de Blécourt. Ce plateau forme une espèce de col, reliant ensemble les vallées de la Marne et du Blaiseron, interrompant cette chaîne de coteaux qui, venant de la forêt de l'Etoile et au-delà, séparent, en amont et en aval de Blécourt, ces deux cours d'eau. Le point culminant de ce plateau, situé à 500 mètres environ de Blécourt, sur le chemin de la ferme de Malassise, est à 324 mètres au-dessus du niveau de la mer. Le village même est situé au point de partage des eaux qui, au nord, se jettent dans la Marne au-dessus du moulin de Fronville, après avoir traversé le village de ce nom et suivi la riche et riante vallée de Sombreuil, et au midi se déversent dans le Blaiseron, à 500 mètres de Flammerécourt, après être descendues entre les vallons étroits qui montent de ces villages à Blécourt.

En arrivant à Blécourt, on est saisi d'admiration en apercevant le magnifique édifice qui se découpe en silhouette sur l'azur du ciel et qui fait contraste avec les modestes demeures qui sont groupées autour de lui. On remarque que le village est à demi couronné à l'est et au sud par une forêt magnifique. Ce sont les bois des pays circonvoisins, Fronville, Mussey et Rouvroy, ceux de quelques riches propriétaires des environs et les bois communaux de Blécourt lui-même. Au nord le territoire de Ferrières et la Folie sépare seul le village de Blécourt de la superbe forêt de Joinville.

Au lieu des maisons de campagne qui parent l'entrée

des grandes villes, on rencontre,en abordant Blécourt, sur la montagne, dans le vallon et à proximité du village, des croix élevées par la piété des habitants. Une de ces croix porte le nom de Croix de la Maladière, en souvenir sans doute de l'ancienne léproserie qui avait été fondée dans cet endroit. Cette croix se trouve entre Blécourt et Ferrières, sur le chemin de moyenne communication reliant le haut Blaiseron avec Joinville. Elle est abritée par un cerisier séculaire.

Voici l'ordre que nous avons suivi dans notre travail :

Nous examinons dans un premier chapitre l'antiquité de l'église Notre-Dame de Blécourt, sa célébrité, son pélerinage et sa construction. La description de cet édifice et des objets d'art qu'il renferme vient ensuite.

Dans le second chapitre, nous recherchons l'origine de Blécourt, nous exposons l'état du village, son industrie, ses produits, son commerce et sa population. Enfin, après avoir donné la liste des curés et des instituteurs de Blécourt, nous terminons par quelques lignes sur les traces des antiquités de ce village et sur les localités qui en dépendent sous le rapport religieux.

INDICATION

des

Principales Sources historiques.

MANUSCRITS :

1. CARTULAIRE du chapitre Saint-Laurent de Joinville. (Archives de la Haute-Marne.
2. COMPULSOIRE du terrier de la Principauté de Joinville (Archives de l'église de Joinville).
3. CHARTE d'affranchissement de Blécourt (Archives de la commune de Blécourt).
4. ARCHIVES de l'abbaye de Saint-Urbain (Archives de la Haute-Marne, les liasses 5 et 13).
5. PROCÈS-VERBAUX des visites épiscopales de la paroisse de Blécourt (Archives de la Marne).

IMPRIMÉS :

1. HISTOIRE de Saint-Louis, par Jean, sire de Joinville.
2. MÉMOIRES historiques de Champagne, par Baugier, 2 vol. in-12.
3. NOTRE-DAME de Blécourt, par T. Pinard; Wassy, in-8°.
4. Encore NOTRE-DAME de Blécourt, par M. Pinard (La *Haute-Marne*, revue Champenoise, Chaumont, 1856, in-4°).
5. NOTRE-DAME de Blécourt, par MM. Péchiné. (*Le Langrois* et la *Haute-Marne*).
6. NOTE sur Ferrière et La Folie, par M. Carnandet (la *Haute-Marne* 1856).

Qu'il me soit permis d'offrir ici l'expression de ma vive et sincère gratitude à ceux qui ont bien voulu m'aider dans mon travail et spécialement à M. l'abbé Bouillevaux, curé de Perthes ; à M. Barotte fils, de Brachay; à M. Ernest Royer ; à MM. les archivistes de la Marne et de la Haute-Marne; et enfin à M. J. Carnandet, bibliothécaire de la ville de Chaumont, qui m'a généreusement prêté le précieux concours de son érudition.

BLÉCOURT.

VUE DE L'ÉGLISE

(Prise sur le transept nord.)

CHAPITRE PREMIER.

§ I.

C'est par de là le moyen-âge, sous la première race de nos rois et peut-être dès le berceau du Christianisme dans les Gaules, qu'il faut placer l'origine de l'oratoire érigé à Blécourt en l'honneur de la Vierge Marie.

Voici ce que rapporte Baugier dans son *Histoire de Champagne* :

« Il y a, à deux lieues de Joinville un village nommé
» Blécourt, dont l'église n'était autrefois qu'une cha-
» pelle dédiée à la sainte Vierge. Quelques historiens
» écrivent que le roi Dagobert étant attaqué d'une
» fièvre maligne dans le temps que les Esclavons en-
» traient dans son royaume, ce prince fit vœu que
» s'il recouvrait la santé, il ferait bâtir une belle
» église au lieu où était la chapelle. Il obtint sa gué-
» rison, exécuta son vœu et en chargea un architecte
» nommé Valbert. Quoi qu'il en soit, continue Bau-
» gier, on voit encore aujourd'hui des restes curieux
» de l'architecture gothique de ce temps-là. On y re-
» marque autour de la nef une galerie sourde ornée

» de piliers en forme de péristyle. Au bas du chœur, » à main droite, est un gros pilier de pierre de trois » pieds de haut sur six de circonférence, qui portait » un bassin de cuivre servant de piscine que Dagobert » avait donné et qui ne se voit plus. »

Baugier nous apprend encore que « Jean, sire de » Joinville, avant son départ pour la terre sainte, » donna à cette église un vitrage où était représentée » l'histoire de la sainte Vierge, dont on voit des » restes au presbytère. »

Ce récit de Baugier sur notre église est très-précieux ; il nous en montre l'antiquité et la célébrité.

L'antiquité de l'église de Blécourt ressort du témoignage des historiens que l'auteur des Mémoires de Champagne a consultés et qu'il cite comme garantie de ce qu'il avance sur cette église. Dès lors que Dagobert, suivant ces historiens, a visité l'oratoire existant à Blécourt, et qu'après guérison de la fièvre maligne dont il était atteint, il a fait construire un temple au lieu de la chapelle, il est évident que l'église de Blécourt ou du moins sa chapelle remonte au-delà du VIIe siècle. En effet Dagobert, fils de Clotaire II et de Gertrude, ne fut-il pas roi d'Austrasie en 622 et de Neustrie (1), de Bourgogne et d'Aquitaine en 628 ? Ce prince, qui se signala contre les Esclavons, comme le

(1) Blécourt est dans cette partie de la Champagne qui appartenait à la Neustrie, royaume comprenant sous la première race de nos rois les pays situés entre les sources de la Meuse et de la Loire (Matty).

dit Baugier ou plutôt comme le disent les auteurs qu'il cite, et qui mourut à Epinay en 638 après un glorieux règne, illustrait donc le commencement du VIIe siècle. Conséquemment son ex-voto, exécuté par Valbert, reporte notre église, ou si nous voulons la chapelle de Blécourt, à une époque plus reculée, et comme nous l'avons dit, peut-être au berceau du Christianisme dans les Gaules.

§ II.

Le récit de Baugier prouve de plus, ai-je dit, la célébrité de l'église de Blécourt et une célébrité séculaire, remontant aux âges les plus anciens et se perpétuant de siècle en siècle.

Supposez un instant que l'oratoire de Blécourt était à l'origine sans renom, qu'aucun prodige, aucun bienfait céleste, aucune grâce miraculeuse ne l'eût recommandé : comment, vous dirai-je, m'expliquez-vous alors la démarche d'un potentat, d'un grand roi vers l'humble chapelle d'un modeste pays, pour chercher à son mal un remède que, sans doute, les plus habiles médecins de son royaume n'avaient pu lui procurer? Il est vrai que notre oratoire est consacré à l'Auguste Marie, à la reine de la terre et des cieux, à la dispensatrice des faveurs célestes, à la mère de Dieu..... Mais combien d'autres endroits plus célèbres que Blécourt possèdent de tels oratoires et ont pour patronne la Vierge Marie. Il faut donc le reconnaître, l'oratoire de Blécourt attirait les grands comme les petits, les rois comme les sujets, attirait les affligés à quelque titre qu'ils le fussent, parce que la reine des miséricordes se plaisait, en cet endroit, à verser ses bienfaits signalés et cela de temps immémorial.

Un fait non moins important, mais postérieur de quatre siècles à la démarche de Dagobert, va montrer comment le nom de notre église se soutînt et se perpétuât d'âge en âge. Il s'agit d'un grand pape, d'un saint, de Léon IX qui, lui également, vient se prosterner aux pieds de Notre-Dame de Blécourt et solliciter devant son autel les lumières et la force dont il avait besoin pour remédier aux erreurs et aux vices qui cherchaient alors à défigurer l'épouse de Jésus-Christ, cette autre vierge toujours sans tache et toujours sans rides, *Non habentem maculam, neque rugas....* Cet illustre évêque avait été transféré, en 1049, du siége de Toul sur le siége de Rome, plus encore pour ses vertus que par la protection de l'empereur Henry III, son cousin. A peine reconnu pape, aux acclamations du peuple romain, il assemble à Rome un concile qui devra remédier aux maux de l'église d'Italie, et bientôt il repasse en France et en Allemagne où il tient de nouvelles assemblées d'évêques, soit pour guérir le mal, soit pour introduire le bien. C'est alors vers 1050, qu'allant de Toul à Montier-en-Der visiter l'abbé Bruno qui était son ami, et de là Rheims pour présider le concile qui s'y était réuni, ce digne pontife « vint à Blehécourt, comme disent les annales,

faire sa prière à la bienheureuse mère du Sauveur. »
Il n'est peut-être pas hors de propos d'annoter que ce fut pendant ce voyage que saint Léon IX consacra l'église de Dommartin, dit pour cette raison Dommartin-le-Saint-Père.

Qui ne s'écrierait en voyant des têtes ornées de la tiare et du diadême, il y a plus, en voyant des saints venir s'agenouiller, se prosterner au pied des autels de Marie, y venir solliciter les dons spirituels aussi bien que les grâces temporelles, qui ne s'écrierait : Gloire à l'humble vierge de Juda! Honneur à Marie pleine de grâces! Gloire et honneur à la mère du Rédempteur! Honneur et gloire à Notre-Dame! Nous ajoutons avec un saint orgueil : Gloire à Notre-Dame de Blécourt! Honneur à notre puissante protectrice! Gloire et honneur à celle dont les parfums attirent tant de cœurs après elle! Honneur et gloire à celle dont les mains bénies ne s'ouvrent que pour distribuer les bienfaits dans ses sanctuaires !

Après cette petite digression et la citation du fait important de la visite de saint Léon de Toul, prouvant déjà comment la célébrité de l'église de Blécourt s'est perpétuée d'âge en âge, je reviens au récit de Baugier qui ne le prouve pas moins, lorsque cet auteur dit : « Avant de partir en terre sainte (l'an 1248), Jean, sire de Joinville, donna à l'église de Blécourt un vitrage où était représentée l'histoire de la sainte Vierge et dont on voit encore des restes au presbytère. »

Pourquoi, je le demande de rechef, cette préférence que le sire de Joinville donne à l'église de Blécourt, sur l'église même de Joinville consacrée aussi à Notre-Dame? d'autant plus que Blécourt n'était pas de la dépendance des sires de Joinville, mais avait pour seigneur l'abbé de Saint-Urbain. Il faut le reconnaître de nouveau, les dons et les vœux offerts à Notre-Dame de Blécourt marquent la confiance qui animait tous les cœurs à son égard, comme cette confiance, elle-même certifie des bienfaits accordés par la sainte Vierge dans ce sanctuaire privilégié.

Mais Baugier n'a pas dit tout ce qui concerne les rares sentiments de piété dont le célèbre sire de Joinville était pénétré envers Notre-Dame de Blécourt. Jean a écrit lui-même, dans sa naïve et piquante histoire de saint Louis, comment il vint en partant pour la terre sainte, avec ses chevaliers et ses hommes d'armes, implorer la mère de Dieu et se mettre sous sa sainte garde. Je cède, dussé-je être un peu long, au plaisir de donner quelques détails sur le départ de ce seigneur, détails qui feront mieux connaître au lecteur cette belle figure historique, belle même à côté de saint Louis.

Après avoir rassemblé les seigneurs du voisinage et passé une semaine entière en réjouissance, au sujet de la naissance de son second fils, il profite de l'occasion pour leur dire : « Seigneurs, je m'enviois outre-mer et je ne sé si je revendré. Or venez avant; se je vous ai de riens mesfait, je vous le desferai l'un après l'autre. » Puis il sort de l'assemblée afin que ceux qui avaient à se plaindre de lui le fissent plus librement. Non content de cette première démarche, il en fit une seconde qui prouve la délicatesse de sa conscience. « Pour ce que dit-il, je n'en vouloie porter nuls deiniers à tort, je ale lessier à Mez en Lorreine grand foison de ma terre en gage, » afin que si l'on découvrait que lui ou ses gens eussent faits quelqu'injustice, on put la réparer avec ce bien.

Il part ensuite accompagné de neuf chevaliers et de sept cents hommes d'armes levés dans ses terres parmi ses vassaux, il part, « le bourdon à la main, tout à pié, deschaux et en langes. Et en dementières, dit-il, que je allois à Bléchicourt et à Saint-Urban et autres cors saints qui là sont, je ne vos oncques retourné mes yex vers Joinville, pour ce que le cuer ne me attendrisit du biau chastel que je lessoie et de mes deux enfants. »

Tel est le personnage aussi bon père qu'équitable seigneur, aussi pieux chrétien qu'intrépide guerrier, qui vient, après les rois et les pontifes, implorer la Vierge de Blécourt. Partez, lui dirons-nous, partez en toute confiance pour une terre lointaine et inhospitalière à travers les dangers et les horreurs de la guerre ; partez, une puissante égide vous couvre ; elle vous défendra, vous conservera. Vous serez rendu à ce pays qui vous regrette, à ce « biau chastel », à ces chers enfants dont vous serez la gloire et le bonheur pendant de longues années. Jean fut effectivement du petit nombre de ceux qui échappèrent dans cette malheureuse croisade, après des combats meurtriers où toujours il se signala (1), après les maladies le plus cruelles.

Après la plus dangereuse des captivités ce noble che-

---

(1) Joinville fut un des premiers à débarquer pour l'attaque de Damiette et repoussa tout d'abord un corps de six mille Turcs.

Il combattit comme un lion à la prise de la ville de Massoure où tout couvert de blessures et désarmé, on le vit se défendre en s'appuyant contre une maison en ruines.

Lui-même dépeint ainsi son état « Pour ces bleccures que j'aie » le jour de Quaresmé-Prenant, me prit la maladie de l'ost, de » la bouche et des jambes, et une double tierceinne et un reume » si grant en la teste que le reume me filoit de la teste parmi les » narilles ; et pour les dites maladies accouchai au lit malade en » la mi-quaresme : dont il avint ainsi que mon prestre me chan- » toit la messe devant mon lit en mon pavillon, et avoit la maladie » que j'avoie. Or, avint ainsi que en son sacrement, il se pasma. » Quand je vi qu'il vouloit cheoir, je qui avois ma coste vestue, » sailli de mon lit tout deschaux et l'ambraçai, et li deez que il » feist tout à trait et tout belement son sacrement, que je ne le » leroie tant que il l'auroit tout fait. Il revint à soi et fit son sa- » crement et parchanter sa messe tout entièrement, ne oncques » puis ne chanta. » Tout le camp français était en proie à ce terrible scorbut. « Grant pitié (continue Jean), estoit d'air brère les » gens parmi l'ost, aux quiex l'on coupoit la char morte ; car ils » bréoient aussi comme femmes qui travaillent d'enfants. »

Voici sa captivité. A peine le vaisseau sur lequel il s'était embarqué tout malade pour regagner Damiette, fut-il pris avec tous les autres » qu'ils me portèrent à terre, dit-il, et me saillirent sur le corps » pour moi coper la gorge, car cily qui m'eut occis cuidat estre » honoré, et le Sarrazin (celui à qui le marinier avait dit qu'il » était cousin du roi de France), me tenoit toujours ambracié et » criait cousin le roi. En tèle manière me portèrent deux fois par » terre et une à genoillons, et lors je senti le coutel à la gorge.... » Et lors pour la paour que je avois je commencé à trembler bien » fort et pour la maladie aussi... » Admirable franchise.

Le soudan ayant été massacré sur ces entrefaites par ses émirs, la négociation qu'il avait conclue avec saint Louis, se trouva rompue ; nouveaux dangers pour les captifs. Il vint une trentaine de Sarrazins qui, pénétrant dans la tente de Joinville tous l'épée à la

valier, sans reproche comme sans peur (1), revint en France avec saint Louis dont il était devenu le conseiller et l'ami.

Mais à son retour, il fit peindre sur des vitraux un miracle dont il avait été témoin dans la traversée. C'était

---

main, le menacèrent d'une mort prochaine lui et les autres croisés; écoutons narrer l'aimable séneschal. « Il y avoit tout plein de gens » qui se confessoient à un frère de la Trinité qui estoit au comte » Guillaume de Flandres. Mès endroit de moy, ne me souvint oncques de péchié que j'eusse fait, ainçois m'apençai que quand » plus me deffenderoie et pis me vauroit. Et lors me seignai et » m'agenouillai au pié de l'un d'eulx, qui tenoit une hache da- » noise à charpentier et dis : Ainsi mourut Saint-Agnès. Messire » Guy d'Ibelin, connétable de Chypre, s'agenouilla en coste moy, » et se confessa à moy ; et je li dis : Je vous asolz de tel pooir » que Dieu m'a donné. Mez quant je me levai d'ilci, il ne me sou- » vint oncques de choses qu'il m'eut dite ne racontée. »

(1) Jean avait l'ame d'un Bayard, il était sans peur comme sans reproche. Citons entre autres faits, le suivant : Les chevaliers du temple ayant refusé de prêter trente mille livres nécessaires pour compléter la somme stipulée par saint Louis tant pour sa rançon que pour celle des autres prisonniers, Joinville s'offrit pour l'aller prendre de force, Saint-Louis accepta l'offre et voici comment la mission fut remplie :

« Si tost comme je fus avalé où le trésor estoit, je demandé au » trésorier qu'il me baillast les clefs d'une huche qui estoit devant » moi, et lui qui me vit mègre et descharné de la maladie, et en » l'alteit que je avois esté en prison, dit que il ne m'en bailleroit » nulle. Et je regardai une cognée qui gisoit illic. Je la levai et » dis que je ferois la clef du roi. »

Cet acte de vigueur détermine les templiers à lui ouvrir ce coffre, et il y prit l'argent dont il avait besoin. Ainsi chargé, il retourna vers le roi et lui dit : « Sire, sire, esgardés comme je suis garni. » Et le saint home vit moult volontiers et moult liement. »

Si Jean était un chevalier sans peur, il était chevalier sans reproche ; il fait en ces termes le détail de sa manière de vivre pendant les quatre dernières années qu'il passa avec le saint roi dans la Terre-Sainte.

un matelot qui, tombé dans la mer, avait été soutenu par la sainte Vierge sur les eaux et délivré ainsi d'une mort imminente. Le premier de ces vitraux fut placé dans la chapelle de son château à Joinville et le second dans l'église de Blécourt. Ainsi, après comme avant

---

« Je avois deux chapelains avec moy qui me disoient mes hore, » l'un me chantoit une messe sitost comme l'aube du jour appa- » roit. Quant je avois oy ma messe, je me en allois avec le roi. » Quant le roi vouloit chevaucher, je li faisoie compaignie. Aucune » fois estoit que les messagers venoient à ly, par quoy il nous » convenoit besogne à la matinée.

» Mon lit estoit fait en mon paveillon en tel manière que nul » ne pooit entrer ens, que il ne veist gésir en mon lit et ce fesois- » je pour oster toutes mécréances de femmes irréprochables dans » ses mœurs, il l'étoit également pour les lois de l'église.

Un bourgeois de Paris lui ayant été présenté un jour de vendredi qu'il prenait quelque nourriture (c'était au moment de sa captivité), ce bourgeois lui dit : que faites-vous, sire ? « Que feiz- » je donc, feiz-je? Lou nom de Dieu, fit-il, vous mangez char au » vendredi. Quant j'aï ce, je bouté méseucles arieres.... Et pour » ce ne lessé-je pas que je jeunasse tous les vendredis de qua- » resme après en pain et en yaue, dont le légat se courrouça moult » fortement à moi, pour ce qu'il n'avoit demouré avec le roi de » riches hommes que moy... Et cependant il ne l'avoit pas fait à » son escient. » Lorsque la flotte au bout de six ans d'absence arriva à Marseille, l'abbé de Cluny qui s'y trouvait, se rendit auprès du roi, lui fit présent de deux beaux chevaux et obtint une longue audience. Joinville qui s'en aperçut, dit au roi : « N'est-il » pas vrai, sire, que le présent du bon moine n'a pas peu contribué » à le faire écouter assez longuement ? Le roi n'en disconvint pas. » Jugez donc, Sire, reprit le séneschal, ce que feront les gens de » votre conseil si Votre Majesté ne leur défend pas de rien prendre » de ceux qui auront à faire par devant vous ; car, comme vous » voyez, on écoute toujours plus volontiers. » Saint Louis ne put s'empêcher de rire, mais il sentit le prix d'une telle franchise. Heureux les monarques qui ont de pareils amis et d'aussi sages conseillers. (*Vie de saint Louis* et *Notice sur Joinville*, par Godescard).

son départ pour la terre sainte, le souvenir de Notre-Dame fut toujours dans sa mémoire et dans son cœur. Mais que sont devenus ces vitraux peints de notre église, tant le dernier dont nous venons de parler, tant celui de l'histoire de la sainte Vierge, dont on voyait les restes dans le presbytère, au temps où Baugier écrivait. Hélas! nous ne pouvons le dire sans douleur, tout a disparu. Le presbytère ayant été vendu en 93 et racheté seulement en 1824 par la commune, il n'est pas surprenant que ces précieuses médailles aient péri pour l'église de Blécourt. Les verrons-nous un jour reparaître, ou au moins de semblables? Notre siècle est si fécond en bonnes œuvres ; tant de personnes généreuses se portent à réparer aujourd'hui les ruines de la religion dans notre France, qu'en vérité nous ne désespérons pas. Daigne Marie, notre auguste patronne, frapper à la porte de quelque grand cœur et notre église retrouvera tout son primitif éclat. Au XVe siècle apparaît encore dans notre église, afin d'en perpétuer la célébrité, un seigneur marquant des environs. « Dans » l'église paroissiale de Blécourt, en Champagne, dit » dom Calmet (*Histoire généalogique de la maison du* » *Chatelet*), on voit sur la porte de la sacristie une » peinture ancienne à fresque et effacée en plusieurs » endroits, dans laquelle est représenté un chevalier » armé à l'antique ; on y voit le nom de Mestre Pierre » du Châtelet, écrit en lettres gothiques, au-dessus de » ce tableau, et la figure de sainte Barbe qui est à » côté de lui. »

Ce Pierre du Châtelet, premier du nom, était fils d'Erard III et d'Alix de Saint-Eulien. En 1437, il fut donné en ôtage par son père, comme sûreté du traité que celui-ci avait fait pour arrêter les désordres des Ecorcheurs. En 1446, dans une procuration du 14 décembre, il prend le nom de seigneur de Cirey et de Saint-Eulien, mais il l'était en outre de Deuilly, de Bugnéville, d'Ische, d'Aigremont, etc., etc. Marié en premières noces avec Menne d'Autel, il acheta avec elle une partie de la terre de Bouzancourt, par contrat du 19 janvier 1664. Ce seigneur avait, en 1469, la conduite des nobles du bailliage de Meaux avec 200 livres de gage. En 1476, il eut celle de l'arrière ban du bailliage de Chaumont, et à ce sujet le roi lui donna 200 livres de pension.

Grand par sa position, Pierre du Châtelet ne l'était pas moins par sa piété. Dom Calmet, en effet, nous apprend qu'il fonda dans l'église des Cordeliers de Neufchâteau, une chapelle dédiée à saint Christophe, sainte Barbe et sainte Marie-Magdelaine, et qu'il fit quelques dons aux églises de Blécourt et de Bugnéville. C'est à l'occasion de ces dons que le bienfaiteur de notre église aura été peint sur les murs de la sacristie, à main droite du grand autel, ou plutôt qu'il se sera fait représenter lui-même en accomplissement de quelque vœu fait à sainte Barbe.

Ce qui est certain c'est que Pierre du Châtelet est figuré sur les murs de l'église de Blécourt, sous la figure d'un chevalier portant une bannière aux armes du Châtelet et recouvert d'un manteau de pélerin, à genoux à côté de sainte Barbe. Derrière lui est une espèce d'estrade sur laquelle se trouve l'écusson de la famille du Châtelet posé obliquement, surmonté d'un autre écusson au nom de la famille de X*** en Bourgogne. Dom Calmet a donné cette figure au complet dans son histoire du Châtelet. Le badigeon l'a couverte dans notre église, ainsi que plusieurs autres figures à fresque ; nous espérons la voir reparaître au moment de la restauration du temple.

Tels sont les personnages que l'histoire nous dit avoir visité le sanctuaire de Blécourt. Mais combien d'autres, non mentionnés dans l'histoire, l'auront visité également. Qui douterait après cela qu'à une très-haute antiquité l'église de Blécourt ne réunît une rare célébrité? Notre-Dame de Blécourt doit donc prendre rang parmi les plus vénérés sanctuaires de l'auguste mère de Dieu.

§ III.

Quand et à quelle occasion a commencé ce pélerinage ? Est-ce après la consécration de l'église actuelle, c'est-à-dire à la fin du XIIIe siècle ? Est-ce après la consécration qui aurait eu lieu pour le temple de Dagobert? Est-ce même dès l'établissement de la chapelle, en conséquence de quelque miracle, de quelque bienfait signalé accordé par la bonne et puissante Marie dans notre oratoire privilégié ? Ou bien, serait-ce quelque indulgence extraordinaire obtenue à d'autres époques, dans d'autres circonstances en faveur de notre église par les abbés de Saint-Urbain, ou concédée directement par quelque souverain pontife, peut-être par Léon IX, lorsqu'il vint prier la bienheureuse mère du Sauveur à Blécourt, qui aura provoqué le pélerinage? Comme il ne nous reste aucun titre à ce sujet, nous nous abstenons de prononcer.

Quoi qu'il en soit, le pélerinage a existé. Lorsque nous arrivâmes à Blécourt en qualité de pasteur, le 25 septembre 1829, il en restait quelques traces dont nous fûmes témoin l'année suivante, les anciens, plusieurs fois questionnés sur ce point, nous ont assuré l'avoir vu très fréquenté. C'était le jour de l'Annonciation, 25 de mars, où du moins le jour où l'on célébrait la fête, qu'avait lieu le concours des pays voisins à Notre-Dame de Blécourt. Aujourd'hui ce pélerinage paraît oublié tout-à-fait. La suppression de plusieurs fêtes, comme fêtes obligatoires, y aura contribué avec les différentes révolutions si funestes, non seulement à la piété, mais à la foi de nos pères. Nous le regrettons d'autant plus que tout s'y passait sans désordre, et qu'il semblait être un but unique de dévotion ainsi que nous l'ont appris les vieillards de la paroisse. Non. il n'y aurait pas de ces démonstrations mondaines qui dans les derniers temps ont rendu les apports dangereux et redoutables à ceux qui naturellement devaient les encourager. Toujours assurément, les pasteurs verront avec bonheur les populations accourir dans un sentiment religieux vers les temples et les lieux consacrés par la protection des saints, par la protection de la mère de Dieu, Eh! n'est-ce donc pas un gage de bénédictions pour les fidèles chrétiens? Ne serait-ce pas aussi un moyen de ranimer dans des cœurs que préoccupent trop les intérêts de la vie présente, l'amour des choses du salut, l'amour des choses célestes. Assez et trop longtemps nous avons préféré la terre au ciel, la vie présente à la vraie vie, le corps à l'âme; assez et trop longtemps nous nous sommes prosternés au pied de l'autel du veau d'or. Et de là que de maux pour les particuliers, dans les familles et jusqu'au cœur de la société! Revenons à la foi antique qui faisait et la gloire et la félicité de nos aïeux, retournons aux autels délaissés pour notre malheur, embrassons de nouveau les autels du vrai Dieu et ceux de la puissante mère du Rédempteur. Là et seulement là, nous trouverons joie, paix et prospérité.

En voyant le mouvement religieux imprimé dans plusieurs localités de notre France, autrefois si universellement croyantes et pieuses; en voyant tant de ruines réparées dans le sanctuaire, tant de nouveaux établissements entrepris et couronnés de succès, un rayon d'espoir luit dans notre âme. Peut-être, nous disons-nous à nous-mêmes, peut-être reverrons-nous quelque faveur, quelque privilége, quelque indulgence particulière, sollicitée par quelque prélat bienveillant, par notre évêque, et accordée à l'église de Blécourt par le vicaire de J.-C. au moment de la restauration de cette église que nous attendons et appelons de tous nos vœux. Ah ! ce serait le gage, j'en ai la douce confiance, du renouvellement et de la réintégration du pélerinage. S'il plaisait aussi à notre puissante Dame de regarder du haut du ciel, d'étendre son bras tutélaire, de rappeler les anciens jours, les jours de sa miséricorde, de ses grâces..... Nous verrions alors, oui nous verrions les populations s'empresser de nouveau aux pieds de notre Reine, aux pieds de celle qui a été choisie, comme le chante l'Eglise, pour porter dans ses chastes flancs le créateur du monde, et pour enfanter le Sauveur tout en demeurant vierge.

C'est dans ces concours solennels en l'honneur de Marie, concours où s'empressaient le vieillard et l'adolescent, le père avec le fils, la fille avec sa mère, les infortunés, surtout les malheureux, les infirmes et ceux qui avaient le cœur oppressé, car la douce, la pieuse et débonnaire Marie dit comme Jésus et dit à tous et dira toujours : Venez à moi, vous qui souffrez et je vous soulagerai. C'est dans ces concours, dis-je, où se confondaient tous les âges, tous les sexes, toutes les conditions, concours auxquels la Vierge bénie souriait du haut du ciel et savait répondre par des bienfaits dignes de son crédit auprès de son fils, qu'auront été dispersées mille bénédictions et temporelles et spirituelles. Siècles qui en fûtes les heureux témoins et qui les provoquiez par votre foi sincère, que ne renaissez-vous ? Oh ! du moins, parlez et instruisez les générations actuelles, apprenez-leur ce que l'on peut gagner au pied des autels de Marie, toutes les fois qu'une confiance vive et ferme pénètre, anime, conduit ses fidèles serviteurs.

Après la guérison miraculeuse de Dagobert, que rapporte Baugier, guérison qui valut à Blécourt, au lieu de sa chapelle, le temple érigé par ce prince reconnaissant, nous citerons le fait miraculeux arrivé au milieu du XVIIe siècle, il y a, comme deux cents ans, sur la personne de M. Dehault, né à Joinville et décédé prêtre très-saint à Paris. Nous laissons raconter son petit neveu, M. Claude Patot, maître licencié en théologie, chapelain de l'église de Paris, et depuis curé de Joinville, faisant l'éloge de son digne oncle.

« Messire Claude Dehault étoit né le 1er janvier 1647 à Joinville en Champagne. Ses père et mère étoient plus recommandables encore par leurs vertus que par les biens de la fortune. Dès son enfance, il parut que J.-C. se le destinoit pour être un jour un de ses plus fidèles disciples. Il commença sa vie par la croix et la croix en fut le terme. Il éprouva dès le berceau la protection de la Vierge Marie, à laquelle sa mère le voua, à l'occasion d'un mal que les chirurgiens jugeoient incurable. Cette femme pleine de foi, voyant qu'ils avoient résolu de lui couper la jambe et que les secours humains étaient impuissants, le porta dans une chapelle où la mère de Dieu étoit honorée sous le nom de Notre-Dame de Blécourt, éloignée de la ville de plus d'une grande lieue. Ses vœux furent exaucés, et, en mémoire de cette guérison miraculeuse. il demeura à la jambe de l'enfant dix-huit cicatrices, seul reste de la maladie qui avoit paru sans remède et dont il ne s'est jamais ressenti pendant le cours de sa vie.

« Un si grand bienfait, continua M. Patot, ne tomba pas dans un cœur ingrat. Cette guérison fut pour lui un sujet perpétuel de reconnaissance qui ne fit qu'augmenter avec l'âge. Pendant toute sa vie, il eut pour la sainte Vierge une dévotion tendre et fidèle, il célébroit toutes ses fêtes avec une ardeur qui marquoit sa reconnaissance. Il se glorifioit d'être son ancien serviteur et ne négligeoit aucune occasion où il pût marquer la confiance qu'il avoit en la sainte Vierge. Il avoit pris le scapulaire et étoit exact aux obligations que par là il avoit contractées.

» Il s'étoit fait une loi de dire à genoux, trois fois par jour, l'Angelus au son de la cloche. Il ne faisoit aucune difficulté lorsqu'à midi il l'entendoit sonner et qu'il étoit dans les rues, d'entrer dans la première maison, là il se mettoit à genoux et engageoit ceux qui s'y trouvoient à faire la même chose, telle étoit sa fidélité à cette pratique dont l'usage si général dans toute l'église prouve la solidité.

» Cet éloge est ainsi confirmée par M. Patot, et la reconnaissance que je lui dois m'autorise à dire tout le bien que je sais de lui sans craindre qu'on m'accuse d'avoir trop écouté les sentiments de la nature en sa faveur. »

BLÉCOURT

PORTAIL PRINCIPAL DE L'EGLISE

Suit le portrait du saint prêtre ;

Élève de la piété,
Sa foi toujours pure et soumise,
Sa vertu sans duplicité,
Son amour tendre pour l'église,
Les travaux de sa charité
L'ont formé pour l'éternité.
Hunc finxit pietas, labor improbus, inscia fuci
Virtus, tum fides, religionis amor.

§ IV.

L'église actuelle de Blécourt n'est plus le temple de Dagobert. Baugier, à qui, du reste, nous aimons à rendre justice pour son exactitude historique, n'avait pas pris les renseignements suffisants sur cette église lorsqu'il l'attribue, avec quelque hésitation toutefois, à ce prince.

Le style de l'église actuelle de Blécourt, qui est un style de transition, où l'on voit le roman admirablement harmonisé avec le gothique, porte le cachet évident du XIIIe siècle, cette époque de nos magnifiques cathédrales de France avec lesquelles l'église de Blécourt rivalise dans son petit.

Or, c'est précisément vers le XIIIe siècle que l'église où nous nous plaisons à célébrer les louanges de Dieu et celles de l'Auguste Marie, a été construite sur les débris de celle de Dagobert, mais dans des proportions plus élégantes sans doute. Les titres abondent pour prouver cette réédification.

En 1140, au mois de septembre, un seigneur de Sailly, donne à l'abbé de Saint-Urbain de grandes propriétés sises à Blécourt, pour l'aider à la construction de l'église Notre-Dame. Plus tard (1209), un arrangement passé entre le curé de Blécourt et l'abbé de Saint-Urbain, par l'entremise de l'abbé de Sept-Fontaines et le prieur de Vignory, veut que les deux tiers des oblations faites par les étrangers à l'église de Blécourt, appartiennent à l'abbé de Saint-Urbain et l'autre tiers au curé de Blécourt, à la charge par chacun d'eux de contribuer à l'édification de l'église. En 1123, Geoffroy IV, sire de Joinville, donne aux habitants de Sombrupt *(summus rivus)*, quelques droits dans sa forêt de Mathons, à la charge par eux d'extraire de la pierre pour l'église Notre-Dame de Blécourt. Enfin le titre de 1235, en faveur de Jovillers, donné par Simon, autre sire de Joinville et père du célèbre Jean, parle de l'église de Blécourt en ces termes : « Ad impetrandam mortem in domino jam dedimus terras et sylvas pro Ecclesiâ in honorem virginis Dei paræ reedificandâ in villâ de Bleheicurt », c'est-à-dire, afin d'obtenir une mort sainte, une mort dans le Seigneur, nous avons déjà donné des terres et des forêts pour la reconstruction de l'église en l'honneur de la Vierge, mère de Dieu, dans le village de Blécourt.

Ajoutons, que l'église de Blécourt fut consacrée en

1272, en présence du donateur Jacques (1). A cette cérémonie s'étaient réunis les évêques de Châlons, de Toul et de Langres avec les abbés de Saint-Urbain, de Jovillers et de Montier-en-Der. C'est sans doute de cette église de Blécourt que parle un titre de 1276, concernant Joinville, copié dans le *Registrum principum*, où il est dit que les croisés visitèrent un sanctuaire consacré à la sainte Vierge.

Il suit de ces titres divers :

Que l'église actuelle de Blécourt a été reconstruite. N'en aurions-nous pour preuve que le titre de Jovillers où Simon de Joinville dit si expressément que les terres et les forêts qu'il donne à Blécourt, sont pour reconstruire l'église (*pro ecclesiâ reedificandâ)*, que tout doute doit disparaître à ce sujet. Les autres titres confirment celui que nous venons de citer.

Que cette église a été reconstruite plus élégamment comme le voulait l'époque de sa réédification, époque où le style gothique venait apporter tant de grâce et de hardiesse à nos monuments chrétiens, mais qu'elle a été construite sur le plan de l'église érigée par Dagobert. Les restes de cet ancien temple (tant ceux exis-

---

(1) Ce Jacques (Iaxes), vivait encore en 1283, année où l'on voit ce curé de Blehécourt comme témoin dans un acte de vente d'Eudes, écuyer, sire de Courtivron et d'Isabelle, sa femme, au profit de l'abbaye de Saint-Urbain, devant Pierre, doyen de la chrétienneté de Thonnance.

tant actuellement, que ceux existant au temps où Baugier écrivait, et qui ont disparu, entre autres ce pilier supportant un bassin de cuivre donné par Dagobert et qui se trouvait à main droite du chœur en y entrant) et les termes dans lesquels sont conçus les titres qui parlent de renouvellement, reconstruction, réédification le prouvent suffisamment. D'ailleurs n'oublions pas que le premier temple était un ex-voto royal ; si donc l'église actuelle est magnifique, qui oserait dire que la première ne l'ait été également, étant l'œuvre d'un prince qui était aussi plein de foi qu'il était grand et puissant. Dagobert, en effet, s'était rendu recommandable par ses dons faits aux églises et particulièrement à la chapelle de Saint-Denys à Paris, dont il avait augmenté les fondations et où il fut enterré, quoique mort à Epinay, comme nous l'avons dit plus haut.

Que l'église actuelle de Blécourt est une œuvre de charité, le fruit des dons du riche et du pauvre qui contribuèrent à sa réédification et qu'elle a été reconstruite simultanément par les soins de Jacques, curé du lieu, et ceux de l'abbé de Saint-Urbain, le dernier qui avait été confirmé en 1140 dans la possession de l'autel de Blécourt par l'évêque de Châlons, année où le seigneur de Sailly lui avait concédé de grandes propriétés et qui étant dès lors devenu seigneur du lieu, aura sans doute fait rebâtir le chœur et le sanctuaire dont plus tard il avait l'entretien d'après le témoignage des anciens témoins du premier ordre de choses, tandis que la commune était chargée des

BLÉCOURT.

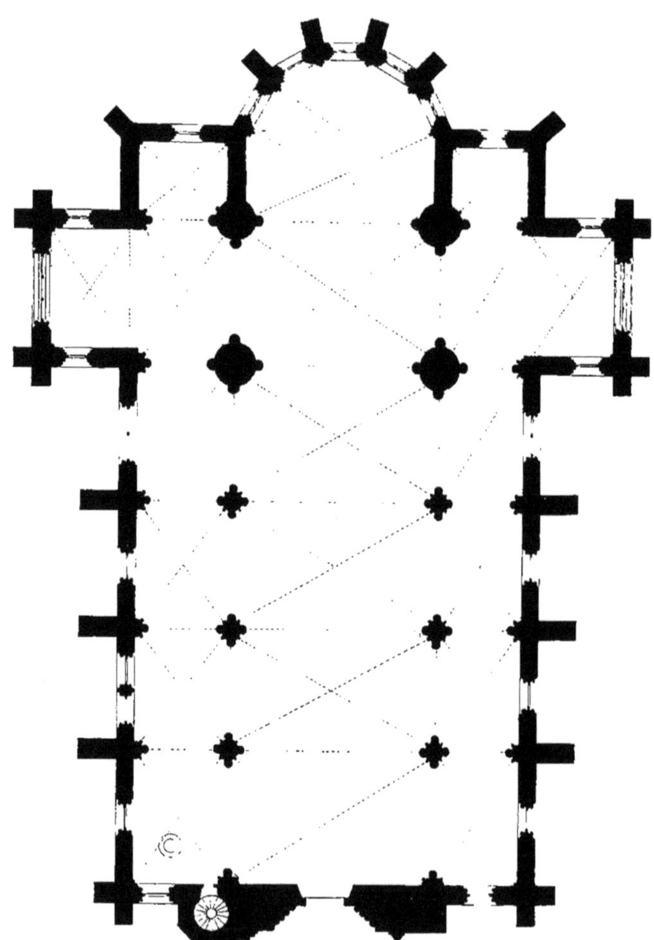

PLAN DE L'ÉGLISE.

nefs. Le curé Jacques, de son côté, avec ses dons et ceux des étrangers qui lui étaient concédés au tiers d'après l'arrangement précité, aura fait réparer et construire tant la nef principale que les nefs collatérales.

Enfin que la reconstruction a dû se faire de 1123, époque où Geoffroy IV cède des droits aux habitants de Sombreuil, à la charge par eux d'extraire les pierres pour la réédification de l'église, à 1272 qu'elle fut consacrée solennellement, comme nous l'avons dit plus haut, par les évêques de Châlons, Toul et Langres auxquels s'étaient réunis les abbés de Saint-Urbain, de Jovillers et de Montier-en-Der.

§ V.

I. L'église de Blécourt, dans tout son ensemble, c'est-à-dire avec son sanctuaire et ses chapelles, le transept et la tour qui le domine, ses trois nefs, les contreforts et les arcs-boutants, son porche et la petite tourelle par où l'on monte dans les combles, est construite en pierre de moëllon taillé. Ce moëllon est le moëllon même de la contrée qui en est toute remplie.

Le titre de Geoffroy IV (1123) par lequel il cède des droits aux habitants de Sombrupt dans sa forêt de Mathons, à charge par eux d'extraire de la pierre pour la reconstruction de l'église de Blécourt, nous indique que ce moëllon aurait été tiré aux environs de la fontaine de Sombreuil. On voit encore dans les carrières qui y sont, des pierres figurées à l'instar des corbeaux qui règnent au-dessus des petites nefs de notre église. Quelques anciens m'ont bien dit qu'à la Maladière, lieu distant de 500 mètres de Blécourt, on avait tiré des pierres pour l'église, et les excavations du terrain semblent le confirmer ; mais ces pierres auront pu servir pour la reconstruction des voûtes, vers le XVe siècle, et des contre-forts que l'on croit avoir été bâtis à la même époque.

II. Le sanctuaire, dont l'axe est dans la direction de l'axe de la grande nef, est terminé, à pans coupés tant au dehors qu'au dedans. On y admire tout d'abord cinq verrières géminées et d'une hauteur qui ne le cède qu'à l'élégance. L'élévation est de 7 mètres, sur 1 mètre 15 centimètres de largeur, y compris le meneau. Deux rangs de colonnettes avec bases et chapiteaux sur lesquels s'appuient deux ogives à lancettes, encadrent chacune de ces verrières, et le meneau lui-même est relevé par une autre colonnette soutenant les deux petites ogives qui terminent chaque verrière et au-dessus desquelles est un tors où se dessine le trifolium. Entre chaque verrière saillit un contre-fort s'élevant plus haut et atteignant presque aux modillons parfaitement symétrisés et présentant, de loin surtout, l'effet d'une riche dentelle ou d'un feston en relief. Ces modillons supportent une corniche sur laquelle vient aboutir la toiture. Et telle est en général la forme de tous les modillons de l'église, excepté que ceux des petites nefs se terminent par des figures assez bizarres d'hommes et d'animaux.

III. Aux côtés du sanctuaire sont deux chapelles ayant chacune deux fenêtres ogivales. Ces deux fenêtres, hautes seulement de 3 mètres 30 centimètres sur un mètre 80 centimètres avec les embrasures, sont élégantes comme celles du sanctuaire et comme elles encadrées par deux rangs de petites colonnettes sur lesquelles reposent les ogives à lancettes qui terminent si bien ces fenêtres. Leur axe est dans la direction des axes des nefs collatérales.

IV. Il existe dans l'église de Blécourt un transept remarquable dépassant de plus de 6 mètres 80 centimètres le vaisseau de l'église, qui lui-même n'a pas moins de 18 mètres en longueur. On voit aux extrémités du transept deux charmantes rosaces encadrées par une archivolte demi-circulaire à feuillage et se terminant par des figures d'animaux. Ces rosaces, découpées en pierre, sont très-gracieuses de près, et de loin elles font un effet merveilleux. Elles représentent une étoile dont les huit rayons sont formés d'autant d'ogives brisées s'appuyant sur un cercle relevé vers le centre par huit demi-lunes. Sur les côtés du transept, et en dehors du vaisseau de l'église, sont quatre verrières identiques aux verrières du sanctuaire.

IV. Au milieu du transept s'élève la tour majestueuse de l'église bâtie sur un plan rectangulaire ayant ses grandes faces de l'est et de l'ouest (7^{m} 50) percées de trois fenêtres géminées, et ses faces plus petites (5^m 40) du nord et du midi percées seulement de deux fenêtres également géminées, de même élévation et de même style que les fenêtres du sanctuaire, si ce n'est que les ogives sont encore plus élancées et que le quatrifolium du tors y remplace le trifolium des verrières ; cela donne à penser qu'elle est un peu postérieure au reste de l'édifice. Cette tour, soutenue par deux contreforts à chacun de ses angles, est surmontée d'une flèche en charpente ayant au moins 13 mètres de hauteur et ayant aussi la forme parallélogrammique. Au centre du parallélogramme domine la croix dont les bras ont été sciés à une époque de douloureuse mémoire. Cette croix a quatre mètres de hauteur et porte un coq à son extrémité. Il y a au pied de la croix deux girouettes portant le chiffre du Rédempteur en lettres gothiques ainsi figurées : J. H. S., c'est-à-dire, Jésus sauveur des hommes.

V. Près du transept se trouvent deux portes latérales et parallèles pratiquées dans les murs et à la naissance des petites nefs. Ces portes sont très-curieuses de détails, du moins celle du côté du nord qui a été bien conservée. La porte du côté du midi a été malheureusement brisée et remplacée par une croisée dont le style indique le XVe siècle. Ce qu'il en reste annonce qu'elle était identique à la porte du côté nord. Un trumeau divise celle-ci et présente, sur un joli chapiteau où sont sculptés des oiseaux becquetant des raisins, une madone tenant son enfant, qui de la main droite lui caresse le menton et dont la tête a été mutilée. Aux côtés de la madone ressortent sur le tympan des anges sous la figure de moines grotesques ayant un flambeau à la main. A en juger par ces figures et autres qui se remarquent au dedans et au dehors de notre église, les statuaires n'avaient pas fait grands progrès au XIIIe siècle.

Outre ces deux portes latérales, il y en a une troisième, partie nord de l'église, moins riche, sans trumeau, sans feuillage à l'archivolte, mais élégante aussi et dont la voussure repose sur trois rangs de colonnes en retrait. Le premier rang de ces colonnes a son arc trilobé comme celui des deux portes parallèles.

Il faut ajouter une petite porte pratiquée dans le transept, partie sud de l'église, porte que nous pensons avoir servi d'entrée aux moines dont les bâtiments étaient voisins. Cette porte est remarquable par les sculptures qui ornent les chapiteaux de ses colonnettes et le feuillage découpé de ses archivoltes.

VI. Huit contreforts aussi solides que réguliers soutiennent non-seulement les murs des petites nefs, mais au moyen d'un demi arc-boutant qui va s'appuyer à leur partie supérieure, ils soutiennent aussi les murs de la grande nef où règnent, tant au nord qu'au midi, huit croisées ogivales, géminées, et dont le meneau à forme angulaire est également surmonté, comme les grandes croisées du sanctuaire, par le trèfle élégant ou le trilobe. Les fenêtres des petites nefs, au contraire, sont de forme romane, c'est-à-dire qu'elles se terminent par des arcs en plein cintre qui retombent sur de petites colonnettes qui les encadrent, tant à l'intérieur qu'à l'extérieur.

Les corbeaux de ces petites nefs, avons-nous déjà dit, représentent des figures d'hommes et d'animaux très-bizarres.

D'autres enfin représentent de simples profils sans ornementation.

On remarque parmi ces figures, à la partie sud de l'église, deux d'entre elles qui représentent assez singulièrement la Trinité ; l'une offre trois faces et quatre yeux, et l'autre, dans un seul tout, présente les trois figures et les six yeux. N'oublions pas de dire que les contre-forts portent à leur extrémité des figures d'animaux plus remarquables, on distingue du côté du nord les figures du bœuf, du chien, de l'aigle et du bélier. Les figures du côté du midi ont été mutilées.

VII. Il ne reste de l'ancien porche que les quatre piliers supportant autrefois une voûte qui n'existe plus. Une charpente de mauvais goût, avec quelques pierres informes portant le chiffre de 1662, remplace les arceaux et les arcades de l'antique porche. On regrette particulièrement quatre rangs de colonnes qui enrichissaient la grande porte d'entrée. Tout a disparu sous le marteau de nouveaux vandales, voire même la porte avec ses voussures et son archivolte. Aujourd'hui cette porte d'entrée est carrée et annonce un ouvrage rapporté.

Qui ne verrait que cette partie du monument, porte

principale et porche, ne réclame d'importantes réparations? Il y a plus, le porche actuel menace ruine.

Près de ce porche, et à l'angle du côté nord, s'élève la petite tour qui mène aux combles de l'édifice; elle est à pans coupés et présente la forme d'un octogone; sa couverture en bois est également octogonale (1). Ses marches sont très-supportées et demandent remplacement.

VIII. Saisissante par son aspect extérieur, l'église de Blécourt ne l'est pas moins par son aspect intérieur. Non, vous ne pouvez vous défendre d'une secrète admiration dès le premier pas fait dans le temple, en voyant ces voûtes aussi délicates que bien proportionnées; en voyant ces piliers à faisceaux de colonnes qui les soutiennent et les embellissent; en voyant cette galerie et ces ouvertures géminées qui ornent les deux faces de la grande nef; en voyant cette coquille renversée du sanctuaire avec ses arêtes hardies, qui termine si élégamment tout l'ensemble. Mais venons aux détails.

L'église, dans toutes ses parties, est voûtée en pierre. La grande nef, les nefs collatérales, le transept, le chœur, les chapelles, le sanctuaire, offrent à l'œil admirateur de superbes voûtes à formes ogivales. La plupart des arêtes sont arrondies et descendent,

---

(1) Sa porte d'entrée à l'extérieur est remarquable par une petite croix latine et deux dragons qui semblent la garder.

pour la grande nef, sur les chapiteaux de grandes colonnettes dont la base repose sur le pilier fondamental. Nous exceptons les quatre piliers supportant la tour qui ne font qu'un tout et c'est sur leur chapiteau très-élevé que reposent les arêtes. Ces quatre piliers diffèrent encore des autres en ce qu'ils sont entourés de quatre colonnes, tandis que le reste en compte jusqu'à huit. J'ai dit que la plupart des arêtes sont arrondies, car celles des trois premières travées de la grande nef et d'une travée de la nef collatérale du midi sont anguleuses et laissent à penser que les portions de voûtes correspondantes sont tombées et ont été reconstruites postérieurement. Il y a d'ailleurs d'autres indices de reconstruction dans les fenêtres supérieures. Le point de jonction des voûtes pour la grande nef est une espèce de moyeu de roue, pour le chœur un chien, pour le sanctuaire l'ange tenant une légende, et une couronne de fleurs variées pour le reste de l'église.

Indépendamment des colonnes et colonnettes qui, à chaque travée, découpent et embellissent la grande nef, les deux côtés de cette nef sont ornés d'une galerie composée, dans chaque travée, de deux ouvertures géminées avec une archivolte cintrée et soutenue par des colonnettes qui donnent à cet ornement un aspect fort gracieux. Chaque tympan de ces ouvertures est relevé par un double trilobe.

On compte dix piliers principaux dans la grande nef, tous découpés en colonnes et colonnettes dont les unes supportent la retombée des arcs doubleaux de communication et des bas-côtés, et les autres s'élancent jusqu'à la voûte supérieure pour en soutenir les arcs doubleaux et les nervures. Ces piliers, avec leurs colonnes et colonnettes, avec les colonnes et colonnettes correspondantes sur les murs des petites nefs et à tous les angles de l'église, colonnes et colonnettes avec bases et chapiteaux sculptés, mais sculptés différemment, donnent un singulier relief au bâtiment déjà si beau par lui-même. Parmi les feuillages qui ornent les chapiteaux, on remarque ceux de la vigne, du lierre, du chêne, etc. Il y a quelques feuillages avec fruits qui nous sont inconnus. Un pilier seulement présente une suite d'oiseaux dont son chapiteau et quelques autres n'ont que des crochets en guise de fleurs. Les bases des colonnes sont quelques-unes plates et les autres généralement assez élevées.

Les deux chapelles appuyées de chaque côté au premier pan du chœur et qui sert aujourd'hui de sacristie ne sont que le prolongement des collatéraux. Chaque chapelle possède une piscine embellie d'une archivolte cintrée qui repose sur deux petites colonnettes avec bases et chapiteaux. Il est regrettable que pour avoir entrée dans la sacristie à main droite de l'autel, on ait brisé l'une de ces piscines.

C'est une coquille renversée ayant huit arêtes aussi élégantes que hardies dont le point de jonction est l'ange avec sa légende et qui viennent s'appuyer sur les chapiteaux des colonnettes qui entrecoupent en faisceaux charmants les verrières géminées et rendent avec elles ce sanctuaire si léger, si délié, si svelte.

Au bas du cordon qui soutient l'abat-jour des verrières se dessine une arcature composée d'archivoltes trilobées et de colonnettes avec chapiteaux et bases. Il en est de même pour les chapelles et les extrémités du transept où règne cette même arcature, ainsi qu'aux côtés de la grande porte d'entrée de l'église. Au dessus de cette porte se trouve une très-forte retraite qui forme tribune et sert à conduire d'une galerie à l'autre. Elle est éclairée par une large rose avec découpure en pierre. Cette rose est identique sans doute aux roses du transept. Elle a été indignement murée, aussi bien que les verrières ouest du transept. Nous espérons les voir ainsi que les chapelles rendues à leur destination primitive.

§ VI.

Notre temple offre à l'intérieur quelques particularités sur lesquelles nous devons appeler l'attention.

1° Un puits à main gauche en entrant. La première idée que nous avions eue sur le but de ce puits creusé dans l'église de Blécourt à cinq mètres de profondeur du côté nord, était qu'on avait voulu assainir cette partie de l'église plus humide que les autres. Mais en voyant la margelle qui est faite d'une seule pierre très-dure, perforée de plusieurs trous qui annoncent une fermeture particulière, laquelle n'existe plus, en

BLÉCOURT.

COUPE LONGITUDINALE - TRAVÉE.

voyant de plus les entailles pratiquées dans les quatre piliers environnants qui décèlent une clôture, nous ne sommes pas éloignés de croire qu'il servait pour épreuve de l'eau froide, ainsi qu'il était pratiqué dans le moyen-âge. Ce puits remonterait donc plus haut que la reconstruction de l'église actuelle (1). L'absence de rivières et même de ruisseaux dans notre village semble fortifier cette idée; aujourd'hui, ce puits donne simplement de l'eau pour les différents besoins de l'église et quelquefois, dans les grandes sécheresses, il sert à l'utilité publique, du consentement du pasteur.

2° Sept figures, les seules qui se trouvent dans l'intérieur de l'église et qui nous ont semblé représenter les sept péchés capitaux. Quatre se trouvent à l'entrée de l'église et saillissent au-dessus des chapiteaux des quatre premiers piliers, les trois autres se trouvent adhérents aux deux piliers de la grande nef, les plus rapprochés du chœur, et sont saillantes également un peu au-dessus des chapiteaux. Parmi ces figures, quelques-unes sont tellement caractérisées, entre autres l'envie, l'avarice, la luxure et la colère, celle-ci sous la forme d'une bête féroce, qu'il est presque impossible de s'y méprendre.

3° Une roue ou rouet. Quelques personnes pren-

(1) Les épreuves ont duré, depuis le IXe siècle jusqu'au XIIIe, sous saint Louis, qui les fit abroger. Il est à remarquer que Jean de Joinville n'en fait plus mention dans sa charte donnée aux habitants de Ferrières, tandis que Simon, son père, les rapporte dans sa charte donnée aux habitants de Mathons.

nent cette roue pour celle de sainte Catherine, d'autre pour la roue ou rouet de saint Roch. Cette roue, fortement attachée au mur, est percée de douze petits trous et présente une manivelle fixée à son centre. Nous croyons que cette roue, qui portait douze sonnettes, représentant les douze apôtres, n'était là que pour indiquer au peuple les différentes parties et les circonstances les plus solennelles de la messe ; cela nous paraît d'autant plus plausible qu'autrefois dans les églises importantes, non-seulement le sanctuaire avec son voile, mais le chœur avec ses cancelles en dérobaient la vue du prêtre sacrificateur. Et tels étaient le sanctuaire et le chœur de l'église de Blécourt où l'on voit encore sur les piliers environnants les traces des cancelles d'une part et de l'autre les traces du voile du sanctuaire. La roue se voit à gauche du sanctuaire presqu'à la hauteur des verrières.

§ VII.

Il nous reste à examiner les statues et les meubles de l'église.

Le plus ancien et le plus précieux ornement de notre église, est sans contredit la statue de la Vierge-mère, tenant de la main droite le divin enfant et de la gauche une fleur qui a dû être le lys, symbole de la virginité. Cette fleur a disparu avec le temps, mais la pose de la main la réclame évidemment. Cette statue est le meuble le plus ancien de notre église ; en effet, le voile, la couronne, le vêtement, tout indique une Reine du moyen-âge. Le voile qui recouvre le chef auguste de notre vierge est argenté; la couronne, qu'enrichissent tout autour des fleurs à moyenne élévation, est en or ; la robe, de couleur écarlate, et le manteau, bleu de ciel. Ces deux derniers vêtements sont relevés par une bordure dorée et parsemés de petites mouches ainsi que l'ornement qui couvre la poitrine et qui est d'un rouge moins foncé que la robe. Celle de l'enfant Jésus est couleur rose et mouchetée également. L'ensemble des draperies est d'une coupe hardie et ne laisse rien à désirer. Mais ce qui domine dans cette statue et ce qui en fait l'ornement le plus précieux du temple, c'est l'expression de la Vierge et celle du divin enfant.

Son bonheur, sa joie, ses complaisances, semblent se partager entre la fleur symbolique qu'elle tient d'une main et c fruit de vie qu'elle tient de l'autre. C'est tout à la fois l'*exultabit spiritus meus.... quia fecit magna qui potens est* et le *quomodo fiet istud quia virum non cognosco*, mon âme est ravie parce que le Tout-Puissant a fait de grandes choses en ma faveur, étant choisie pour donner au monde le Sauveur ; je suis vierge et je veux rester vierge. L'enfant de son côté, avec un sourire céleste sur les lèvres, élève légèrement sa main vers sa mère, et, de la droite, caresse une colombe reposant sur ses genoux ; il semble rire à la Vierge-Mère : « *tu es columba mea* ; » c'est-à-dire : « c'est vous qui êtes ma colombe chérie. » Telle est la statue de notre église, telle est Notre-Dame de Blécourt. Quoique assise, elle n'a pas moins de 1 m. 40 centimètres. Elle est sculptée en bois. C'est aux pieds de cette vierge que se sont agenouillés les pontifes et les princes, c'est à ses pieds que se sont opérés les prodiges. Remplacée au grand autel, il y a comme cent ans, lorsqu'on construisit le baldaquin actuel, assez beau d'effet, mais en désaccord complet avec l'église, remplacée, dis-je, par la vierge actuelle qui représente la Conception immaculée, on la transporta sur l'autel érigé à la même époque, à l'extrémité du transept sud. En 1828, un grand vicaire de Langres la fit descendre de cet autel (nous ne savons pour quelle raison), et, deux ans plus tard, nous la transportions comme objet d'art à la chapelle, à main droite de l'autel, servant de sacristie, jusqu'à ce qu'une main habile la rende à son premier éclat et, comme nous l'a fait espérer l'architecte, plus digne des hommages publics.

Il existe encore sous le porche au-dessus de la porte d'entrée, une petite vierge tenant son enfant entre ses bras, vêtue comme la précédente, avec deux anges sous la figure de moines portant chacun un flambeau à ses côtés. La tradition veut que cette vierge soit celle qui se trouvait à la fontaine dite de la Vierge, située dans le bois de Mussey, et cédée par arrangement aux habitants de Blécourt. Or, les habitants dudit Mussey, ayant voulu transporter cette statue dans leur paroisse, ne le purent malgré mille efforts et mille tentatives.

Les habitants de Blécourt descendirent alors processionnellement à la fontaine, et plus heureux que leurs voisins, ils rapportèrent en triomphe la petite vierge qu'ils ont conservée jusqu'à ce jour.

Deux bénitiers importants, l'un en fonte et l'autre en pierre, méritent encore attention. Le premier en forme de cloche et qui a 60 centimètres de diamètre sur 35 de profondeur, porte un écusson avec trois croix et deux bandes horizontales ; à côté est l'image de Jésus en croix, ayant la sainte Vierge et saint Jean à ses pieds. A la partie opposée se trouve la même image. Ce bénitier a deux anses. Notre ignorance en fait d'armoiries ne nous permet pas d'assigner l'époque à laquelle il fut donné à l'église. Les trois croix nous donnent seulement à penser que ce fut un présent de quelque ecclésiastique éminent, soit évêque, soit abbé. Le second, ayant 60 centimètres aussi de largeur et seulement 17 de profondeur, est une pierre taillée en forme de chapiteau. Son ornementation est semblable à celle des chapiteaux de l'église, ce qui nous fait croire qu'il remonte à la même époque.

Au dehors de l'édifice se trouvent également deux écussons sur les deux premiers contreforts, partie nord de l'église et proche la petite tour. De ces deux écussons, l'un est supporté par deux anges. Les armoiries de l'un et de l'autre ont été mutilées, sans doute au moment de la grande révolution, et on peut penser qu'ils appartenaient aux deux fondateurs ou restaurateurs de l'église.

Après ces antiquités mobilières, nous avons une tribune en bois du XVe siècle, représentant, dans ses treize panneaux, autant de portails différents qui en font un véritable morceau de sculpture. Le chœur est aussi enrichi de huit stalles importantes; on y remarque deux figures artistement sculptées, la première, de saint Jean, évangéliste, et l'autre de saint Marc. Ces stalles viennent de l'abbaye du Val-des-Ecoliers, près Chaumont, et ont été acquises par le curé actuel de Blécourt. Quoiqu'ouvrage de la renaissance, on voit qu'un ciseau habile, peut-être le ciseau de quelqu'un des Bouchardon, les a confectionnées.

Enfin la chaire à prêcher et le grand autel, ouvrages aussi de la renaissance, tiennent bien leur place dans notre monument ; mais on regrette que ce soient des ouvrages postiches, conséquemment en désaccord pour le temps et pour le lieu avec notre beau temple romano-gothique.

§ VIII.

Telle est l'église de Blécourt ! Que l'on aime à le voir ce magnifique monument, restant debout malgré les siècles, malgré ses six cents ans d'existence, malgré les temps de révolution et de vandalisme, et portant, à travers quelques changements et quelques dégradations, le cachet si visible de son époque, le cachet si majestueux et si élégant tout à la fois des édifices du XIIIe siècle. Cependant, outre le porche qui menace ruine, on remarque dans la tourelle, à l'entrée de l'église, dans quelques contreforts et quelques voûtes de l'intérieur ; une inclinaison qui n'est pas sans danger sans doute ; différentes lézardes sillonnent également le temple, tant à l'intérieur qu'à l'extérieur ; enfin, plusieurs pierres à la base et au sommet des contreforts sont notablement écartées. Nous en exprimons donc de nouveau ce vœu, et ce vœu le plus ardent de notre cœur, que le gouvernement veuille bien s'intéresser à l'église de Blécourt ! Nous faisons également appel à la générosité de toutes les personnes entre les mains desquelles pourra se trouver ce travail. Pourquoi ne rétablirions-nous pas, avec leur concert, ces vitraux peints, dont l'absence dans une église gothique fait un si grand vide, et après les vitraux, ces autels si artistement, si légèrement sculptés et que remplacent si malheureusement ces autels imposants peut-être, mais trop matériels de la renaissance, dans une église du moyen-âge.

Voici, pour les vitraux peints, quelle serait notre idée : Représenter la sainte Vierge comme personnage principal dans la croisée qui se trouve au fond du sanctuaire ; figurer dans les deux autres croisées qui sont à droite et à gauche de celle-ci, d'une part saint Léon, et de l'autre Dagobert aux genoux de Notre-Dame, avec la date de leurs visites ; peindre dans les croisées restantes le sire Joinville avec ses chevaliers et le miracle opéré sur la personne de M. Debault. Ces vitraux peints seraient comme l'histoire vivante de notre église. Nous aceptons d'avance tous les dons qui seront faits pour arriver à ce noble but, et une souscription reste ouverte à cette intention au presbytère de Blécourt. Que Dieu et la sainte Vierge nous soient en aide !

CHAPITRE II.

—

§ Ier.

Le village de Blécourt a eu différentes dénominations qui, évidemment, se rapportent les unes avec les autres.

Dans le plus ancien titre où, à notre connaissance, il soit parlé de Blécourt (1045) (1), on trouve d'abord Beleycurt. Plus tard (1050) nous lisons dans les Annales de Saint-Léon de Toul : Beleycort. Un autre titre (1255) (2) porte Bléheicurt. Enfin Jean, célèbre sire de Joinville, écrit dans son histoire de saint Louis tantôt Bléhécourt et tantôt Bléchicourt. Les mots *curt*, *cort*, *court*, qui terminent le nom de notre village, in-

---

(1) Titre de Geoffroy Ier, deuxième baron de Joinville, en faveur des religieuses de Vaucouleurs.

(2) Titre de Simon, sixième sire de Joinville, père de Jean, en faveur de l'abbaye de Jovilliers.

diquent assez qu'il fut d'abord comme beaucoup d'autres pays environnants, une métairie, une espèce de ferme (*curtis*) appartenant à quelque baron ou seigneur. Nous sommes d'autant mieux fondés à penser de la sorte que, dans l'année 1140 (1), un seigneur de Sailly donne à l'abbé de Saint-Urbain de grandes propriétés sises à Blécourt pour la réédification de l'église. Il n'y a donc de difficulté que pour les lettres initiales. Quel nom indiquent-elles? Quel est le fondateur de la métairie, du village?

M. Maréchal, professeur émérite de Mussey, à qui nous demandions avis sur ce point, nous dit que Blécourt pourrait bien être l'abréviation de *Bléchildis curtis*, métairie de Blichildis ; et en rapprochant *Blichildis curtis* de Bléchicourt, comme s'est exprimé Jean de Joinville, on trouve une remarquable analogie. Cependant comme les plus anciens titres portent pour lettres initiales du nom de notre village, non pas Bléchi, mais Beley et Bléchey, que le sire de Joinville a écrit lui-même Bléhécourt, enfin que les habitants disent encore en patois Bleîco et les autres Blêcourt en traînant sur les initiales Blei et Blé, nous regardons encore la question comme pendante et laissons à chacun sa libre interprétation. J'ajoute qu'on lit dans une charte déposée aux archives de Chaumont, Blincourt, ce qui se traduirait par *Benigni curtis*.

---

(2) Titre de saint Urbain.

BLÉCOURT.

DÉTAILS DE L'ÉGLISE.

A-3me fenêtre-façade sud.— BB-supports-mur de façade gauche.
C-1er contrefort sud.— D-3me contrefort nord.

§ II.

Incertain par rapport au nom du fondateur, nous le sommes également sur l'époque de la fondation non-seulement de la métairie, mais du village qui a dû peu à peu s'y former et s'y grouper à l'instar des autres pays. Ce qui est sûr, c'est que Blécourt est très-ancien. Nous pourrions l'avancer d'après la position, la forme et la construction de ses primitives habitations que l'on y voit encore en assez grand nombre. Toutes en effet ont le corps de logis tourné vers le midi; toutes sont enfoncées dans les terres ; toutes se distinguent par des murs très-matériels, des fenêtres étroites et une entrée qui porte évidemment le cachet du roman. Nos pères, comme on le voit, préféraient l'utile à l'agréable, le solide à l'élégance.

L'histoire, au reste, confirme ce que nous avançons sur l'antique origine de Blécourt. En effet, nous lisons dans Baugier, ainsi que nous l'avons rapporté plus haut en parlant de l'église, que, dès le VIIe siècle, il existait une chapelle en ce lieu. Or, pour qui aura été construite cette chapelle? Assurément pour les habitants de l'endroit; ce qui montre que le village remonte bien haut dans le cours des siècles.

Blécourt qui, dès l'origine était probablement de la juridiction de quelque baron ou seigneur, devint plus tard, et peut-être dès avant le XIIe siècle (1140), terre et village de l'abbaye de Saint-Urbain. En effet, nous voyons à cette époque le seigneur de Sailly céder à l'abbé dudit couvent de grands terrains situés à Blécourt, et cela pour la reconstruction de l'église dont cet abbé fut confirmé titulaire l'an 1140, par l'évêque de Châlons, c'est-à-dire que l'évêque de Châlons le confirma dans la possession de l'autel. Longtemps donc les habitants de Blécourt jouirent de l'administration paternelle des religieux. Et cependant, fatigués des droits seigneuriaux ou plutôt des abus qu'ils entraînaient et dont les moines eux-mêmes, malgré leur amour pour le peuple, n'avaient pas su se défendre, ils sollicitèrent et firent solliciter leur affranchissement. Enfin le jour tant désiré arriva. Ce fut Charles de Lorraine, archevêque et duc de Reims, premier pair de France, légat né du saint-siége apostolique, abbé commendataire et administrateur perpétuel de l'abbaye de Saint-Urbain de l'ordre de Saint-Benoît, au diocèse de Châlons (titres tous énoncés dans les lettres patentes), qui accorda cet affranchissement en 1532. Il n'était que pour les habitants de Blécourt, ou, comme disent les lettres, pour les manants habitants de Blécourt qui ne pouvaient en jouir dehors. Voici les bénéfices : par cet affranchissement les habitants de Blécourt étaient délivrés des droits de main-morte, de poursuite et de for-mariage ; ils avaient aussi pleine liberté de faire instruire leurs enfants et de les faire promouvoir aux ordres sacrés. La cession de ces droits ne se fit cependant que moyennant un cens et un cens de 12 livres tournois que chaque chef de maison devait payer à l'abbé, en un ou deux termes, chaque année, et cela sans préjudice des autres redevances seigneuriales. Tous les habitants, au nombre de cinquante et répondant pour les absents, s'engagèrent à payer ce cens devant Claude Gruer, garde du scel au contrat de la prévôté de Wassy, de par le roi. Cet acte, avec la teneur des lettres, se trouve actuellement dans les papiers de la commune de Blécourt.

On y trouve encore un acte collationné à l'original écrit en parchemin, scellé autrefois à double queue pendante, cire rouge, fait par Ipotin, notaire au vicomté et bailliage de Vignory, à requête des manants et habitants de Blécourt, le troisième jour de novembre 1570. L'original de cet acte collationné porte la date de 1510 et fut fait par Nicolle Marguin, licencié en droit, gouverneur et garde de la justice des terres et seigneuries de Saint-Urbain, de par messieurs les vénérables religieux, abbé et couvent, seigneurs dudit lieu. Cet acte ou jugement prononce en faveur des habitants de Blécourt qui réclamaient la possession du bois de Braconisset, contre les habitants de Fronville, devenus possesseurs du pays de Sombru, depuis que Jean du Châtelet, abbé de Saint-Urbain, leur avait cédé, vers 1494, ce village alors abandonné, et qui revendiquaient ce bois comme s'il eût fait partie du territoire de Sombru.

Ce jugement, dont les habitants de Fronville avaient appelé, fut confirmé par le bailli de Chaumont en 1510, par sentence en date du 27 juin, et ainsi furent définitivement séparés, du consentement des habitants de Mussey et de Fronville, les finages de Blécourt et de Fronville (1). Cette sentence est annexée au jugement et se trouve également dans les archives de la commune.

Ces trois pièces ont été traduites par Joseph Vidot, de Saint-Urbain, en 1785. Il a joint à ces copies celles de deux sentences rendues en 1523, par Guillaume de Marle, grand maître des eaux et forêts ès pays de France, Champagne et Brie, en la prévôté de Wassy, et, en 1535, par Pierre Robert, licencié, l'un et l'autre confirmant les habitants de Blécourt dans la jouissance des usages, pasquis et pâturages de leur pays et environs, contre la saisie et main mise du procureur du roi. La main-levée de ces deux sentences fut ratifiée de nouveau en 1541, par Jean Michaux, lieutenant du grand maître des eaux et forêts. Nous n'avons trouvé que les copies de ces sentences.

§ III.

Le village de Blécourt, placé presque au centre de son territoire et environné de vergers qui, avec le pays.

(1) Une grande borne encore existante fut plantée auprès du Mont-Joyes, portant du côté de Blécourt une crosse ; du côté de Mussey, deux croix ; du côté de Fronville, une croix, et dessus une grosse croix double, et, comme s'exprime la charte, ladite borne faisoit la séparation dudit finage de Blécourt, Mussey et Fronville.

s'étendent sur une surface de 7 hect. 65 ares, apparaît plein de grâces en un jour de printemps ; mais son intérieur laisse à désirer sous le rapport de la propreté et de l'assainissement. Une première mare, sise à l'ouest, à l'entrée du village, a été déjà heureusement supprimée. Nous faisons des vœux pour que la seconde qui, se trouvant près de l'église, contribue à y entretenir l'humidité, disparaisse tôt ou tard. Les avantages qui en résulteront pour la santé publique et le bon état du temple, ce monument, la gloire du pays et si digne de soins, doivent faire surmonter toute difficulté. Cette mare est, il est vrai, l'abreuvoir du bétail, et il n'en existe pas d'autre à Blécourt qui est assez fourni d'eau pour les personnes, par ses puits nombreux creusés dans la marne conservatrice et seulement en défaut dans les années de très-grande sécheresse, mais qui manque de rivières et de ruisseaux pour les troupeaux.

En donnant de l'eau, des fontaines aux pays limitrophes : fontaine de la Vierge et du Haut-bois pour Mussey ; fontaine de Sombreuil pour Fronville ; fontaines sans nombre pour Flammerécourt ; fontaines pour Brachay ; Blécourt n'a pas su s'en réserver. Un géologe célèbre, l'abbé Paramel, appelé pour découvrir quelque source à l'avantage de notre pays, a dit en parcourant le finage que de mauvais voisins, les entonnoirs qui se trouvent dans la faille, en étaient les ennemis inconciliables. Ce n'est qu'à 25 mètres de profondeur et en certains endroits du pays, par lui indiqués, que l'on peut trouver de l'eau de source.

Comment donc suppléer à la mare? Le moyen ne me paraît pas trop difficile; il s'agirait simplement de la faire dériver en dehors du pays, partie sud, à l'endroit dit la Noue, où elle serait alimentée facilement et d'où l'excédant aurait son écoulement naturel par la combe du Fays. Cet avis, d'ailleurs, a déjà été donné par un architecte dans l'intérêt de la commune.

Après la disparition des mares, on désire, pour la salubrité du pays, l'établissement de cuvettes et glacis qui donneront à l'eau une voie jusqu'alors désirée et faute de quoi le pays, dans le temps des pluies, sera toujours très-boueux. Ce travail est commencé et sera bientôt conduit à sa fin à la grande satisfaction des habitants.

§ IV.

Le voyageur qui, d'un œil attentif et scrutateur, de l'un des sommets de cette espèce de falaise qui, au levant et au couchant, borde cette vallée transversale à double versant, examine le plateau même qui porte le village que nous habitons, est frappé de la position toute particulière et inusitée qu'occupe cette plate-forme découpée à ses deux extrémités, par un vallon, se dirigeant d'une part sur la Marne, de l'autre sur le Blaiseron. Si, descendu sur ce plateau même, légèrement ondulé, il le parcourt dans diverses directions, des carrières de Montremont au finage de Ferrières, ou des bois du Fays à la côte du Pressoir, il fixe son attention sur la nature de son sol et plus encore sur celle de son sous-sol, il n'est pas moins surpris de la différence notable qui existe entre eux et ceux qu'il a rencontrés sur le versant et le sommet des coteaux qui, au levant et au couchant, arrêtent sa vue et ferment son horizon. Sur le plateau ou plaine basse de Blécourt, il trouve un sol argilo-calcaire ; riche de sa nature, propre à toute culture; sous ce sol, il rencontre un sous-sol très-varié donnant de bas en haut le terrain formant les côtes environnantes, la pierre verte de Maizières et Courcelles, le calcaire rouge et jaune de Dommartin-le-Franc et Morancourt, le moëllon dit de Blécourt, qui est l'analogue ou le représentant de la magnifique pierre de Savonnière, Chevillon et la Galère ; les marnes bleues et argiles blanches employées avec tant de succès, les premières pour l'amendement des terres argilo-calcaires, les deuxièmes pour le foulage des étoffes de laine et les bonnetiers de Vignory. — Au contraire, le sol et le sous-sol des côtes environnantes est uniforme ou à peu près dans sa constitution. Le premier, essentiellement calcaire, très-profond, donne une culture comparativement difficile et ingrate; le second, le sous-sol de même nature et de même âge que celui qui porte notre sous-sol du plateau, bien qu'à un niveau différent, n'offre aucune variation et ne permet aucune des exploitations qui enrichissent les environs du village. Pourquoi cette irrégularité de nature? cette diversité de culture, de sol, de sous-sol entre notre plaine basse de Blécourt d'une part et les versants et sommets des côtes qui la bordent d'autre part? Pourquoi cette plaine qui limite les vallées de la Marne et du Blaiseron est-elle interrompue par cette double vallée transversale, par cette espèce de col qui relie entre elles les deux premières. Les recherches géologiques faites par les personnes de notre arrondissement qui se livrent à l'étude de cette science, que j'appellerai nouvelle, nous permettent d'en donner l'explication.

Il existe entre la vallée de la Marne et celle du Blaiseron deux failles ou brisures du sol à peu près parallèles entre elles et ayant la direction du plateau même de Blécourt, qui, interrompant la continuité des couches de l'écorce de la terre, ont abaissé à une profondeur assez grande la portion comprise entre elles. Ces deux failles passent précisément même, l'une au levant, l'autre au couchant de notre plateau, et l'en détachent des côtes environnantes.

Cet accident géologique, peu ordinaire dans des contrées peu ou point déchirées par les soulèvements volcaniques, est postérieure au dépôt des terrains crétacés inférieurs qu'il affecte, puisqu'ils forment la partie supérieure du sous-sol ou du sol géologique de notre plateau. Il est aussi antérieur à l'époque de la formation de la terre que les géologiens appellent diluvienne, puisque c'est à cette époque que s'est opérée la dénudation des deux falaises qui bordent cette vallée transversale et que leur ont enlevé ces couches de terrain crétacé inférieur qui porte la richesse du sol et du sous-sol de notre plateau de Blécourt et dont il doit la conservation à l'affaissement que lui ont fait subir les deux failles auxquelles il doit sa naissance.

Dès 1841, M. Cornuel, dans un excellent travail sur la géologie de l'arrondissement de Wassy, travail publié dans le tome IV des *Mémoires de la Société géologique de France*, parle de faille qui commence entre Joinville et Rupt, passe à la Gatère et à Blécourt pour se prolonger jusqu'à Flammerécourt et Leschères. Plus tard, le 15 septembre 1851, M. E. Royer, dans une *Note sur les failles de la Haute-Marne*, note lue à la Société géologique de France lors de sa réunion annuelle et extraordinaire qui se tenait à Dijon et insérée dans le compte-rendu de cette réunion (t. VIII, 2ᵉ série, page 504), cite ces deux failles. Il nomme l'une faille de Ferrières et l'autre faille de Blécourt. Enfin, M. E. Royer et J. Barotte, sur leur carte géologique de la Haute-Marne non encore publiée, mais qu'ils ont bien voulu nous communiquer, donnent le tracé de ces deux failles. La première, celle de Ferrières, part de Joinville même, de la côte de l'ancien château, et se relie probablement à celle de Chatonrupt, vient aboutir en ligne droite au nord du village de Ferrières, passe au bas de la côte de Malassise, suit à mi-versant la côte au Pressoir pour traverser le Blaiseron à 400 m. en aval de Flammerécourt et se perdre, sur la rive gauche de cette rivière, dans les usages de cette commune. L'autre faille de Blécourt prend naissance sur la Marne, près l'usine du Rongeant, affecte la côtote de Joinville, passe au levant de la ferme de la Gatère, arrive à 100 m. sud du village de Blécourt, suit la lisière nord du bois du Fays, longe parallèlement d'abord et croise ensuite le chemin de Blécourt à Leschères pour aller aboutir sur le Blaiseron au moulin Choux. De là, cet accident se suit plus ou moins facilement jusqu'à la ferme de Mortfontaines, sur la route de Marbéville à Blaise. A ce point, elle paraît aboutir à la faille de Lévigny (Aube).

§ V.

Quels sont les établissements de Blécourt? Après le temple on ne voit plus guère qu'un édifice qui paraît avoir quelque importance. Je veux parler du collége ou de l'école communale bâtie en 1846 et possédant une salle de délibérations avec les appartements tant inférieurs que supérieurs affectés au logement de l'instituteur. Néanmoins, grâce au zèle persévérant du maire actuel, le presbytère a été restauré avantageusement en 1853, et présente même au dehors un coup-d'œil satisfaisant. On remarque aussi, à l'entrée du village, le nouveau cimetière que la commune vient de faire construire en 1855. Un nouveau cimetière!... Pourquoi un nouveau cimetière? J'avoue que ces questions font une vive impression sur notre cœur de pasteur. Reconnaissant cependant qu'en obéissant aux exigences de la santé publique devenue plus impérieuse après les derniers fléaux, le conseil municipal, pour cette construction, a encore consulté l'intérêt matériel du temple. Il faut dire, en effet, que ses murs étaient enterrés d'un mètre par l'ancien cimetière, ce qui nuisait singulièrement aux fondations, causait une humidité regrettable à l'intérieur et en déparait l'aspect extérieur. Espérons toutefois que l'intérêt matériel ne nuira pas à un intérêt plus élevé, à l'intérêt spirituel, ne nuira pas au culte des morts et à la pensée de l'immortalité qui en est inséparable. Espérons, je l'ai promis à mon évêque en lui annonçant le transfert et en lui demandant la permission de bénir le nouveau cimetière, espérons que les habitants que nous avons vus avec tant d'édification s'agenouiller, après l'office divin, sur la tombe de leurs parents et amis, fréquenteront aussi le nouveau cimetière et que nous verrons aussi avec bonheur quelques particuliers généreux élever dans ce nouveau cimetière une chapelle, où chaque semaine se dirait au moins une messe pour les défunts, ainsi que nous l'avons vu pratiquer ailleurs !

Nos vœux pour l'édification d'une chapelle dans le nouveau cimetière de Blécourt étaient à peine connus, qu'un de nos élèves pour le sanctuaire, l'abbé Pierre-Germain Leblanc, originaire de Blécourt et actuellement curé de Rozières, dans le canton de Montiérender, avait compris notre idée, et au lieu d'un monument funèbre que sa piété voulait élever à la mémoire d'une mère justement chérie, il nous annonçait, en ramenant au pays natal les cendres vénérées de cette mère, son projet de faire construire la chapelle, comme monument de sa reconnaissance et de sa foi.

Maintenant cette chapelle, vrai bijou d'architecture, s'achève à la satisfaction des habitants de Blécourt et à l'admiration des visiteurs. Son plan, conçu et exécuté d'après le plan même de l'église paroissiale (pouvait-on en rencontrer un plus beau et un plus convenable), représente en petit le style riche et majestueux du XIIIe siècle. Elle est bâtie en moëllon du pays, le même qui entrait, il y a six cents ans, dans la construction de notre temple ; moëllon tout taillé et posé par assises régulières, avec joints en ciment romain. L'œil est d'abord agréablement frappé par l'ensemble de ces pierres habilement travaillées et comme symétriquement placées. On admire ensuite ces petites baies à forme ogivale, dont trois à l'abside et deux sur les côtés, s'harmonisent avec les contreforts qui soutiennent l'édifice en tous sens. Des vitraux peints à personnages doivent embellir chacune de ces petites fenêtres. La porte se distingue par un rang de colonnettes avec bases et chapiteaux, par son tympan trilobé et son archivolte à feuillages. Le frontispice offre, à son centre, en forme de rosace, un quatrifolium élégant, et il est couronné par une gracieuse croix, dont l'ombre sacrée couvrira désormais la cendre des habitants du lieu.

Nous ne disons rien de l'intérieur encore inachevé. Mais les colonnettes, les arceaux, les nervures qui commencent à s'élever, qui sillonnent les murs et la voûte de toutes parts, qui se marieront admirablement avec les vitraux peints, tout annonce un coup-d'œil charmant à l'intérieur comme à l'extérieur.

C'est à M. Couvreux, architecte résidant à Wassy, que nous devons ce beau travail. Il a été exécuté par les ouvriers de Blécourt et de Donjeux, sous l'inspection de M. Moré, maître maçon de Wassy.

§ VI.

Revenons au village dont nous a distrait un instant le cimetière. Outre les édifices mentionnés, il y a dans la rue descendant au midi du village quelques maisons importantes et la plupart appartenant aux cultivateurs les plus distingués du pays, qui est essentiellement un pays agricole. Ce n'est pas que les professions, au moins celles nécessaires au bien-être de tout pays, y fassent défaut. Non, il ne manque à Blécourt ni de maçons, ni de charpentiers, ni de menuisiers ; il n'y manque ni de maréchaux, ni de charrons, ni de cordonniers, ni de sabotiers, de tisserands, de tonneliers, voire même de mécaniciens, etc., et tous assez habiles pour que les pays voisins leur donnent de la pratique. Toutefois le pays, avons-nous dit, est un pays agricole. La profession la plus en honneur est la culture, et le tiers au moins de ses habitants sont des laboureurs qui exploitent avec intelligence les terres qui enrichissent le pays. J'en félicite Blécourt, je félicite cette communauté d'avoir pour principale profession la première et la plus nécessaire des professions ; une des plus morales et des plus en harmonie avec les forces, les facultés, les goûts et les besoins des hommes ; la seule enfin divinement imposée au roi de la création. Dieu, dit l'Ecriture, plaça Adam dans le jardin d'Eden, pour le cultiver et le garder ; il lui dit ensuite après sa désobéissance : « la terre est maudite à cause de toi ; tu n'en tireras chaque jour ta nourriture qu'avec un grand labeur. » Innocent, la culture de la terre fait les délices de l'homme et double ses jouissances ; coupable, elle est son châtiment et sa ressource.

§ VII.

Les terres de Blécourt qui embrassent une superficie de 624 hectares, se partagent en terres herbues, terres très fertiles en froment, qui occupent toute la faille, tout le vallon ; et en terres caillouteuses, qui s'étendent sur les côteaux de Mendre et du Fays et dans la contrée dite des Monts. Ces dernières terres, également propres au froment, surtout depuis l'introduction des prairies artificielles, trèfles, luzernes, sainfoins etc.. sont plus fertiles en autres céréales. On y récolte abondamment, l'orge, l'avoine, le sarrazin, les pois, les lentilles, et particulièrement le navet.

Le navet de Blécourt !..... cette racine actuellement déchue, non de sa bonté, mais de sa popularité. Les anciens cultivateurs qui autrefois avaient le monopole de ce produit s'en faisaient chaque année un revenu assez rond. Je me suis laissé dire que quelques-uns en vendaient pour la somme de six cents, et même de huit cents francs, par an, et, qu'alléchés par ces produits, ils négligeaient la culture du froment. Depuis que les pays voisins ont donné leurs navets pour les navets de Blécourt, que cette racine s'est propagée, les habitants ne la cultivent plus guère que pour leurs propres besoins.

Mais vous, qui que vous soyez, qui désirez de bons navets pour votre table, adressez-vous à quelque bon cultivateur de l'endroit, et au lieu de ce navet piquant et sans saveur des terrains étrangers, vous aurez le vrai navet, le navet aussi doux que sucré de Blécourt.

§ VIII.

Jusqu'alors, généralement parlant, Blécourt n'a pas d'autre commerce que celui de la campagne. Transporter ses céréales, chaque mardi, sur le grand marché de Joinville, faire écouler plusieurs fois la semaine, dans les petits marchés, ses volailles, son beurre, ses œufs, échanger et vendre son bétail les jours de foire, soit à Joinville, soit dans les environs, et souvent encore les bouchers voisins en dispensent ; tel est le commerce de notre paisible village.

Et plaise à Dieu que l'ambition n'en amène jamais d'autre! Les habitants n'y perdraient rien assurément et ils y gagneraient beaucoup. Ils n'y perdraient rien, car si notre mémoire est fidèle, depuis bientôt 27 ans que nous sommes dans la localité, en qualité de pasteur, les familles qui y ont prospéré sont précisément celles qui ont marché sur les traces de leurs ancêtres, qui se sont attachées à cultiver la terre, qui ont fui le changement et se sont préservées soigneusement de l'agitation fébrile des voyages et du commerce. Le bon état de leurs guérets, l'abondance de leurs moissons et finalement leurs profits, leur aisance, certifient de ce que j'avance, savoir qu'il n'y a rien à perdre en suivant les traces de ses pères, en s'attachant dans un pays agricole comme l'est notre pays, à exploiter la terre, cette mine inépuisable, tant à son profit qu'au profit de la société. Mais il y a tant à gagner sous le rapport moral, et sans doute ce rapport n'est pas méprisable. Si Blécourt veut conserver ses habitudes religieuses, sauvegarde-palladium de la moralité, qu'il se tienne en garde contre les entreprises du dehors, entreprises qui nécessitent des démarches incessantes, qui laissent à peine le temps de respirer, bien loin de laisser celui de prier, de sanctifier les jours du Seigneur; jours de bénédiction si on les garde, jours de malédiction si on les viole. Souviens-toi, cher pays de Blécourt, cher à cause de ta religion, à cause de la douceur de tes mœurs qui en en est la conséquence, souviens-toi, te dirais-je avec l'accent de la profonde conviction, souviens-toi de sanctifier le dimanche !

BLÉCOURT.

E. Guiot del. et lith. Lith. Cavaniol à Chaumont

DÉTAILS DE L'ÉGLISE.

Ancienne porte latérale entre le 4me contrefort et le mur de transept nord

§ IX.

Nous n'avons qu'un mot à dire sur les antiquités ou plutôt sur la trace des antiquités de Blécourt.

Il y a derrière le sanctuaire de l'église un vaste champ aujourd'hui partagé entre les habitants qui en ont fait acquisition, appelé *Champ des Moines*, où se trouvent des débris de bâtiments. Ce nom de Champ des Moines et les ruines qui s'y rencontrent prouveront-ils qu'autrefois il a existé un couvent dans notre pays, appelé par tradition terre de moines, comme Ferrières était appelé terre seigneuriale et princière? Mais quels furent ces moines? Quand s'établirent-ils à Blécourt? combien de temps dura leur établissement? Aucune charte n'a pu nous éclairer à ce sujet, et cependant une petite porte assez élégante, pratiquée à l'est dans le transept, partie sud du temple, et proche le Champ des Moines, indiquait encore que ceux-ci avaient leur entrée particulière dans le chœur. Enfin il existait une voie dite *Voie des Moines*, partant de l'église, longeant le presbytère au midi et gagnant de là la contrée dite *les Maizières*. On se rappelle et on montre encore cette voie qui a été envahie à la longue.

Je pense en mon particulier de ce qui vient d'être cité qu'il a pu exister à Blécourt un petit couvent ou une colonie de moines de Saint-Urbain, colonie qui se sera réunie à son chef-lieu, peut-être au moment des guerres de religion, vers la fin du seizième siècle. Ce qui est certain, c'est que jusqu'à la révolution de 1793, les moines de Saint-Urbain avaient leur fermier à Blécourt, comme l'abbé du même couvent avait le sien séparément. Nous avons rendu les derniers honneurs au premier de ces fermiers, et la famille du second existe encore pour certifier de ce que j'avance.

A l'extrémité des Maizières se trouve un puits comblé aujourd'hui, mais dont l'orifice se distingue encore. On y voit des débris de bâtisse et un vaste tracé qui annonce une ferme, sinon un château. Comme la Voie des Moines y aboutissait, nous en concluons que cette ferme leur appartenait. On cite encore comme trace d'antiquité une maison donnant sur le chemin de Brachay, à la séparation du grand Montrémont et de la Bouloie, maison dans les restes de laquelle se remarque la même pierre verte que celle des Maizières et qui a dû être extraite de la carrière de pierres de taille, encore existante, mais non exploitée, au sommet du grand Montrémont, qui appartient à Flammerécourt. La maison ou ferme dont nous parlons, devait appartenir à l'abbé de Saint-Urbain qui était propriétaire de la Bouloie, et avant lui au seigneur qui avait cédé ce terrain pour la reconstruction de l'église. C'est la Bouloie, les Maizières, les Carèles et les terres adjacentes à Blécourt qui forment le terrain compris entre les failles et composent le sol le plus fertile de notre pays. On distingue dans la Bouloie un champ dit des Ursules que la tradition dit avoir été donné avec quelques autres aux religieuses ursulines de Joinville pour l'éducation des jeunes filles de Blécourt.

Enfin il y a dans le village un endroit dit la Cave, attenant au Champ des Moines précité. Serait-ce parce que les moines auraient eu une cave dans cet endroit? Nos côteaux, cependant, ne sont guère propres à garnir une cave. Malgré la Côte au Pressoir, malgré Mendres, Clairvaux et les Monts, où l'on voit quelques bouts de vignes, Blécourt n'est pas un vignoble, pas même un demi-vignoble. Il faut l'attribuer à l'élévation de notre plateau, où la température est beaucoup plus froide que sur la Marne et sur la Blaise, remarquables par leurs vignobles, situés à l'est d'une part et à l'ouest d'autre part de Blécourt. Cet endroit de la Cave, où l'on trouve également des restes de construction, avait été bien choisi, car il est le seul de Blécourt où l'on ait pu creuser et où l'on conserve quelques bonnes caves. Vous ne trouverez que des celliers dans le reste du pays et peu profonds, parce qu'en hiver et même en été, par les grandes pluies, les terres sont toutes remplies d'eau, de manière à combler les réservoirs où il est facile de puiser à la main.

§ X.

Deux fermes, l'une située au nord-ouest, l'autre au sud-est de Blécourt, avoisinent ou plutôt complètent son territoire. La première, appelée Malassise, ressort du territoire de Brachay et appartenait jusqu'en 1826 à la maison de Montangon, qui avait en ce pays un charmant petit château, aujourd'hui propriété de M. Barotte-Herbin. Malassise, ainsi nommée à cause de son site très-élevé et peut-être parce qu'elle manque d'eau, fut aliénée en 1826, et c'est alors que les habitants de Blécourt l'acquirent en grande partie. Le corps de la ferme fut vendu à un propriétaire de Ferrières encore existant, et dont la famille, formant deux ménages, indépendamment du père, cultive avec succès, ainsi que les habitants de Blécourt, cette ferme autrefois assez ingrate et entretenant à peine ses habitants.

La seconde, dite du Haut-Bois, et confinant en effet à des bois très-élevés, ressort du territoire de Rouvroy, propriété de la maison de Ségur, qui avait un petit château à Leschères. Cette ferme, après 1793, fut d'abord acquise par un nommé Lecomte, et en 1850, vendue par une société au profit des habitants de Blécourt, pour la grande partie également.

L'ancien fermier, Larcher-Manois, a fait l'acquisition du corps de la ferme et des meilleures terres, il les exploite avantageusement avec sa famille. On regrette pour cette ferme qu'une fontaine, dite aussi du Haut-Bois, en soit trop éloignée. C'est dans cette ferme qu'est né et qu'a passé son enfance M. l'abbé Manois, bienfaiteur de l'église de Blécourt, actuellement chanoine et supérieur du petit séminaire de Langres. Ses parents étaient de père en fils fermiers en cet endroit.

Il semble que le Haut-Bois et Malassise, devenus maintenant en grande partie propriété des habitants de

Blécourt, devraient être distraites de leur primitif territoire et annexée à celui de Blécourt, dont elles peuvent être, au moins de fait, regardées comme les véritables fermes.

§ XI.

A 1,500 mètres de Blécourt est le village de Ferrières, situé à l'angle, sur le penchant Est du côteau Marguet. On connaît beaucoup mieux et l'origine et la fondation de ce joli petit pays, où l'on compte 140 habitants. C'est Jean, sire de Joinville, historien et l'ami de saint Louis, qui l'a fait construire en 1276, après son retour de la terre sainte. Voici le commencement de la charte de fondation telle que l'a donnée Jean, sire de Joinville, dans le style de cette époque :

« Au nom de Dieu, Amen.

» Je Jehan, sire de Joinville, seneschaulx de Champaisgne, faz cognoissance à touz ainsy présens comme advenir que en boys de Mastons je y establis de nouvel à faire une ville nommé franche selon la franchise de Beaulmont, mais parce que les choses qui doibvent estre fermes et estables à perpetuité doibvent estre commandées en mémoire de lettres pour qu'elles ne puissent estre oublyées ou enfraintes, pour ce est-il que nous avons faiz escripre en cette présente charte que ainsy comme nous avons dit, nous avons commencé à faire une ville neuve et lui avons mis nom Ferrières et avons mis en icelle les

» coustumes et les franchises cy après escriptes. »

Le village de Ferrières, malgré ses franchises. malgré que la mairie connut de toutes les affaires criminelles et de police, malgré ses fourches patibulaires (sises à Libraumond à l'endroit dit pour cette raison Côte-Fourchut), n'a pas pris d'accroissement et s'est presque toujours maintenu à une population de 120 à 140 habitants.

Il s'était formé, à l'appel du sire de Joinville, des habitants des pays et hameaux voisins et surtout de celui de Sombrupt dont Sombreuil, cette belle, riche et riante vallée qui de l'extrémité du territoire de Ferrières s'étend à Fronville, pays distant de 6 kilomètres de Ferrières. Le hameau de Sombrupt était placé à la naissance de la magnifique fontaine de Sombreuil ainsi que la chapelle de Saint-Quentin, dont on montre encore les ruines.

Cette chapelle était au bas du côteau dit aussi Saint-Quentin.

En 1551, à l'époque de l'érection de la baronnie de Joinville en principauté, la mairie de Ferrières a cessé de connaître des matières qui concernent la haute et la moyenne justice. Enfin la mairie fut supprimée en 1758, et c'est le bailly de Joinville qui connaissait de toutes les affaires qui survenaient dans le finage de Ferrières et du hameau de Lafolie qui ne fait avec Ferrières qu'une seule commune sous le nom de Ferrières-Lafolie.

§ XII.

Lafolie, placé au nord de Ferrières à près de 3 kilomètres, ne fut jusqu'au commencement du XVIIe siècle qu'une simple tuilerie bâtie au milieu des bois des sires de Joinville,

En 1603, Charles, duc de Lorraine, de Chevreuse et prince de Joinville, ayant permis aux habitants de Ferrières de défricher cet endroit, qui alors dépendait de leurs usages et d'y bâtir des maisons, ces habitants bâtirent des maisons, tout d'abord au nombre de 16, et successivement le hameau s'est formé tel qu'il est actuellement. Sa population égale celle de Ferrières. Il confine par le nord avec la ferme des Bons-Hommes, ainsi appelée d'un couvent de religieux, de l'ordre de Grammont, fondé par Geoffroy III, quatrième sire de Joinville.

On voit dans cette ferme une partie importante du premier bâtiment assez bien conservée et l'hémicycle du sanctuaire de la chapelle qui est en ruines. La fontaine de Saint-Fiacre, fontaine intarissable, et comme celle de Sossus disparaissant à sa source, est remarquable par les armoiries des barons de Joinville. Cette ferme dépend de Mathons, qui fut fondé par Simon, père du célèbre Jean et cinquième baron de Joinville.

Comme on le voit, Blécourt et ses environs redisent la munificence de cette célèbre maison de Joinville.

Ferrières et Lafolie n'eurent d'abord pour tout signe de religion qu'une croix élevée au milieu de leurs habitations. La croix de Ferrières, qui avait été érigée par Jean, sire de Joinville, fut malheureusement renversée et détruite dans la tourmente de 93. Les habitants actuels disent encore qu'en expiation du vandalisme et de l'impiété non impunis des septembriseurs, on fit reconstruire la croix nouvelle en 1802, à l'endroit même où se trouvait l'ancienne.

La croix de Lafolie, sauf le couronnement qui, ayant été brisé par accident, fut restauré en 1834, existe encore dans son entier. On y remarque avec ses armes, Charles de Lorraine, agenouillé devant saint Nicolas, en l'honneur duquel il la fit ériger. Ce n'est qu'en 1657, 400 ans après la fondation de Ferrières, que Jean Pasquier, prêtre, natif de Mussey, fonda à Ferrières une chapelle avec des revenus assez considérables pour entretenir non seulement le chapelain, mais l'école du lieu et celles de Mussey et de Donjeux. Le testament se trouve dans les archives de Ferrières, où nous l'avons fait écrire d'après un titre qui se trouve à la cure de Joinville.

La petite église de Lafolie fut bâtie en 1837, par les efforts réunis du curé de Blécourt et des habitants du hameau. Cette chapelle est sous le patronage de la sainte Vierge en son Assomption. Un vicariat vient d'être érigé à Blécourt par Mgr Guérin, en 1853, et, grâce à M. le baron Lespérut, reconnu par le gouvernement. Il a été établi pour desservir Ferrières et Lafolie. Déjà, avant 93, un vicaire restait à Blécourt, mais c'était pour la desserte de Rouvroy, alors annexe de Blécourt, comme les procès-verbaux des visites épiscopales en font foi. Ferrières ne fut annexé à Blécourt, en remplacement de Rouvroy, qu'en 1809, par Mgr. Raymond, alors que cet évêque vint à Blécourt, et le confirma, après avoir vu sa belle église, dans la possession du desservant que Ferrières voulait revendiquer en vertu et par fausse interprétation du décret impérial de 1806. La paroisse actuelle de Blécourt se compose donc de Blécourt d'abord, et ensuite de deux annexes, Ferrières et Lafolie. Cette paroisse ne compte que cinq cents et quelques âmes, dans cette proportion, savoir : 240 à Blécourt, 140 à Ferrières et 140 à Lafolie, ce dernier village qui s'est accru du double depuis une trentaine d'années, qui d'ailleurs est à 3 kilomètres de Ferrières, méritait bien qu'on le pourvut d'une église et d'une école. Il a le bonheur d'en jouir actuellement.

§ XIII.

Un titre, portant la date de l'an VI de la République, dix-neuf pluviôse, « reconnaît aux habitants de Blécourt » le droit de faire abreuver leurs bestiaux à la fon- » taine de la Vierge dans la vallée de Mendre, de faire » rouir leur chanvre et faire leurs lessives dans les » lessivoirs et roises par eux construits ci-devant et » d'en jouir comme ils en ont toujours joui jusqu'a-

» lors, suivant l'ancienne tradition qu'ils en ont ac-
» quis par différents arrangements faits entre lesdites
» communes (de Mussey et de Blécourt), par échanges
» faits par acte reçu en justice, dont les parties ne se
» rappellent pas la date ; à charge par les habitants
» de Blécourt d'entretenir lesdites fontaines et roises
» à leurs dépens, de toutes réparations, dans la même
» forme qu'elles sont construites, et, par la commune
» de Mussey, de fournir un chemin suffisant pour
» communiquer auxdites fontaines et roises, et, en
» cas de difficultés, lequel demeurera fixé à 25 pieds
» de large. Huit bornes furent plantées par les agents des deux communes, savoir : M. Mareschal, de Mussey, et M. Vincent, de Blécourt, assistés chacun de quatre habitants de leur localité.

Un autre titre (1515) signé par M. Legendre, maire de Blécourt, et Forfelier, maire de Mussey, et leurs adjoints, Vincent et Thabouret, accorde cinq mètres de largeur du tour de la roche au nord et au levant ; au midi la largeur du chemin existant, et au couchant le chemin suivant le cours de l'eau, jusqu'au bassin de la fontaine.

§ XIV.

Plusieurs prêtres sont originaires de Blécourt. Nous devons d'abord citer les trois frères Thieriot. L'un d'eux fut curé de Belleval et travailla avec talent au rituel administratif de Châlons, rituel qui passe à bon droit pour un chef-d'œuvre en ce genre ; les deux autres furent curés, le premier à Chamouilley, le second à Troisfontaines. Ces trois prêtres moururent quelques années avant la grande révolution. Mentionnons ensuite MM. Legendre, frères également, dont l'aîné mourut, n'étant encore que diacre, et dont le plus jeune fut curé à Osne-le-Val pendant la révolution. Deux autres frères, MM. Philippe, embrassèrent aussi l'état ecclésiastique; l'un d'eux confessa la foi pendant la révolution et mourut il y a une quarantaine d'années; l'autre occupa la cure de Progny.

MM. Humbert, curé à Troisfontaines; Deschamps, mort curé d'Attancourt, il y a environ trente ans; Paul Thieriot, neveu de MM. Thieriot frères, mort il y a une dizaine d'années; Manois, chanoine du chapitre de Langres et supérieur du petit séminaire; Lebland, curé de Rozières, et Lebland, curé de Cerizières, sont également originaires de Blécourt.

§ XV.

Voici les noms des curés de Blécourt qui nous sont connus :

— JACQUES, fondateur de l'église.
1310. JEAN.
1509. Hugues LEFOL.
1510. Jean THEVENIN.
1519. THOMAS.
1541. MARCOUL OUDIN.
1599. THOMAS DE LA COURT.
1606. Jean DESCHAMPS.
1649. GEOFFROY.

1651 à 1670. Nicolas LEGENDRE.
1671 à 1672. PINOT.
1672 à 1676. Nicolas COLLOT.
1676 à 1687. Christophe FORNIER.
1687 à 1688. BOURLON.
1688 pendant 6 mois. JOANNET.
1688 à 1701. Pierre RICHET.
1701 à 1704. Gabriel DEJARNY.
1704 à 1748. Jean DESCHAMPS.
1748 à 1780. Jean PERARD.
1780 à 1811. DEMERSON.
1811 à 1828. PASQUIER.
1829 à 1858. Jean-Baptiste-Adolphe CRÉPIN.

§ XVI.

Après avoir donné le nom des curés de Blécourt, nous faisons également connaître ceux des instituteurs :

1678 à 1689. Pierre PERRIN.
1690 à 1700. Antoine PASQUIER.
1701 à 1703. Nicolas DESCHAMPS.
1704 à 1707. Michel LALLEMENT.
1708 à 1724. Pierre THIERRY.
1725 à 1743. François CHAVRELLE.
1744 à 1791. Claude-Nicolas OUDIN.
1792 à 1793. J.-B. POMMEY.
1794 à 1798. Joseph MAULOY.
1799 à 1831. François MAUVAIS.
1831 à 1858. J.-B. PHILIPPE.

PIÈCES JUSTIFICATIVES.

I.

Je Iehans sires de Joinville et seneschaux de Champaingne faz savoir à tous cex qui sont et qui seront que iai doné en Deu et en aumosne à lesglise mon signor saint Lorenz de Joinville 1 mui davoine a panre chascun an a Blehecourt et li doienz de Saint devant diz doit chascun an por moi a l'esglise Notre-Dame de Blehecort à la feste Notre-Dame en mi aoust un cierge de trois livres de cire. A la septembre 1 cierge de iij livres de cire et à Noel 1 cierge de iij livres de cire autresi. Après iai otroié aus chenoines de lesglise Saint-Lorenz de Ioinville devant dite que i puissent aquester à Ioinville la maison de mon signor Odon le fil de madame Marguerite. Apres ces choses iai doné et otroié à lesglise Saint-Lorenz de Ioinville devant dite que le et tuit cil qui seront signor de Ioinville après moi li baillerons 1 tortiz de iij livres de cire por ardoir quant on levera Corpus Domini et quant il sera ars iusque a demi pié li chanoine de la devant dite eglise de Saint-Lorenz le bailleront ou signor de Ioinville ou a son commandemant et il lor en doient lendemain devant messe baillier et autre de iij livres de cire autresi. Et por ceste aumosne que j'ai faite a la devant dite esglise li chanoine doient chanter a nos vies por moi et por Aalis ma femme une messe dou Saint-Esprit et apres notre deces il doient chanter une messe de requiem por nostre anniversaire. Et por ce que ce soit ferme chose et estable, iai mis mon sael en ces lettres. Ce fu fait lan de grace M. CC. et XLVIIIJ ans. En mois de Iuillet.

ARCHIVES DE LA HAUTE-MARNE.
(N° 81. *Cartulaire de St.-Laurent de Joinville*)

II.

Gregorius episcopus, servus servorum Dei, venerabili fratri Episcopo Cathalaunensi, salutem et apostolicam benedictionem :

Ex parte dilectorum filiorum abbatis et conventûs monasterii Sancti Urbani, ordinis Sancti Benedicti, Cathalaunensis diocesis, fuit nobis humiliter supplicatum ut cùm proventus Infirmarie ipsorum adeò tenues et exiles existant quod viginti librarum pruvinensium valentiam annis singulis non excedant, propter quòd ad necessitates nequaquam sufficiunt infirmorum, proventus ecclesie de Blehecort quorum iidem annuatim percipiunt duos partes, presertim cum jus patronatûs ipsius ecclesiæ pertineat ad eosdem ad opus infirmarie prefate ipsis concedere misericorditer dignaremur. Nos igitur tibi qui loci diocesanus existis in hac parte deferre volentes fraternitatem tuam rogandam duximus attentius et monendam per apostolica tibi scripta mandantes quatenus si rem inveneris taliter se habere, eis capituli Cathalaunensis accedente consensu, tuo ac officialium tuorum in omnibus jure salvo, postulata concedas, intuitu pietatis reservata tamen competenti provisione presbitero qui pro tempore servierit in ecclesia supra dicta. Datum Lateranum VIIJ Id. aprilis pontificatus nostri anno octavo.

ARCHIVES DE LA HAUTE-MARNE.
(*Abbaye de Saint-Urbain.*)

III.

A tous ceulx qui ces présentes lettres verront ou orront Nicole Marguin licencié en chacun droit, gouverneur et garde de la justice des terres et seigneuries de Saint-Urbain de par messires les vénérables religieux abbé et couvent, seigneur dudit lieu salut.

Comme procès fost meu et pendant pardevant nous en nostre siège et auditoire dudit Saint-Urbain entre les manans et habitans de *Blescourt* venans par requeste d'une part à l'encontre des manans et habitans de Fronville aussi venans par requeste d'autre part.

Sur ce que une chacune desd. communaultez disoit entreprinses estre faictes les ungs sur les autres assavoir lesd. de Blescourt que lesd. de Fronville les empeschoient dextirper, deffricher et dessavarder les accrus estant sur leurs terres d'anciennetté labourable estant du finage dud. Blescourt usant de menasses à lencontre deulx. Et au contraire lesd. de Fronville que lesd. de Blescourt entreprenoient sur les accruz, bois et terres de Sombru ou iceulx de Blescourt n'avaient aucun droit d'y copper bois.

Pourquoy lesd. parties oyes qui estoient et sont subjects et justiciables de mesd. seigneurs et lesd. villages à eux appartenans affin de mectre paix entre icelles parties et garder à ung chacun deulx leurs droits privillèges et usages ordonasmes que de chascun desd. villages se trouveroient jusques à six hommes quilz esliroient entre eux pour comparoir au jour qui leur seroit assigné par nostre lieutenant aud. Saint-Urbain pour aller sur les finages desd. Sombru et Blescourt avec le grand prieur de lad. abbaye, nostredit lieutenant, le procureur, le gruyer de mesdits seigneurs et greffier dud. Sainct-Urbain, mectre bornes entre lesd. deux finages et y faire les séparacions selon que trouvé seroit que de toute anciennetté lesd. finages et terroirs sestendoient et contenoient et après led. fornement fait, seroit deffendu et des lors deffendrons auxd. parties d'entreprendre les ungs sur les autres mais quilz usassent selon les droitz privilèges et usé dont ilz auraient usé et que leurs titres et chartes accordes et octroyez, à eux donnés par mesd. seigneurs, le contenoient sur peine d'amende arbitraire à appliquer à mesd. seigneurs et de rendre partie qui contreviendroit et contraindroit lad. ordonnance à lautre partie toutes pertes, dommages, interetz et despens et se feroit led. abornement dedans le jour des Brandons prochain lors suivant lequel seroit rapporté aux prochains jours suivans ou ce qui fait en auroit este pour en bailler aud. parties titres et aussi en faire registrer afin de faire tenir et garder ladite ordonnance et se feroit led. abornement à fraiz communs desd. parties auxquels tous lesd. parties comparans iceux de Fronville eussent mis en court certaine requeste par eux baillée à très reverend père en Dieu Monseigneur de Tours abbé dud. Sainct-Urbain décrettée par led. seigneur laquelle nous appoinctasmes que icelles parties bailleroient leurs faitz en briefz articles pardevers nous au proschain jour et respondroient ausd. faits par credit vel non credit et nous informeroient de leurs différendz avec adjoint qui seroit nommé par lesd. parties, personne à elles non suspecte ne favorable et leur eussions deffendu comme paravant de faire entreprinse nouvelle sur les lieux dont estoit question sous peine de perdicion de cause et de rendre à partie tous dommages et interets à quoy icelles parties eussent fourni et nommé pour adjoint avec nous discrette personne Messire Jehan Thevenin prestre receveur dud. Sainct Urbain et par leursd. escriptures disoient et proposoient les choses qui sensuivent assavoir. :

De la part desd. de Blescourt que pour............... dicellui village de Blescourt payoit de tout temps et anciennetté un très beau finage long large et spacieux auquel nestoit loisible auxd. habitants de Fronville ni à aucun dy aller labourer ne cultiver, rompre ne essarter ne copper bois sans l'autorité congié et licence de mesd. seigneurs, seigneurs temporels dud. lieu et s'ilz estoient trouvez faisanz le contraire ils estoient amendables envers eux selon l'exigence des cas, lequel finage de Blescourt sentendoit et sentend d'un costé jusques au lieu dit *aux Monjoyes*, c'est assavoir jusques à une certaine borne autrefois et n'avoit gueres mise par aucuns arbitres à requeste et du consentement desd. habitants de Fronville et Mussey en laquelle borne du costé de Blescourt y a une crosse et du costé de vers Fronville une croix et dessus ladite borne une autre grosse croix double qui estoit et est ladite borne faisant la séparation des finages dud. Blescourt Mussey et Fronville comme le confessoient lesd. de Fronville et dicelle borne desd. Monjoyes en desvallant par le bois de *Braconnisset* et faisant la séparation du finage dud. Blescourt et Sombruz à présent occupé par les habitants dud. Fronville, tirant à une autre borne que iceulx de Fronville disoient estre assisse au plain et hault dud. Braconnissel laquelle estoit de pierre de roche environ quatre doigtz hors de terre desvallant à une borne qui semblablement estoit de pierre de roche gremelue assise au costé et pendant dud. Braconissel près d'un gros sol et chesne ouquel chesne avoit eu autrefois une marque de hache en manière d'une laye que iceux de Blescourt disoient estre une borne faisant la séparacion de leur finage aud. finage de Sombruz et dicelle borne des vallons à une autre grosse borne en manière de chayins du grain de la perrière dud. Sombruz assise au pied de la coste Laurent entre les ditz chemins, dessus laquelle borne y avoit une croix laquelle borne faisoit la separacion desd finages de Sombruz, Blescourt et Ferrières retournant jusques à la croix traveste qui tiroit à lad. borne aux Monjoyes dud. Blescourt et depuis ladite croix traverse en tirant du costé de vers led. Sombruz estoit le finage dud. Sombruz joignant aud. finage de Blescourt. et du costé dud. Blescourt estoit le finage dud. Blescourt ainsi que la vallée se comportoit joignant au finage de Ferrière droit à la *Boulloye* ouquel bois de Braconnisset lesd. habitans de Blescourt avoient toujours coppé bois et dicelui en avoient joy et usé comme de leur vray usage et finage sans contredict ou empeschement aulcun en manière que toute et quante fois que aulcuns étrangers sestoient trouvé en iceluy et eslieux dessy declarez et ils y avoient estez trouvés ou apperçus par lesd. habitans et officiers dud. Saint-Urbain memement par leur gruyer ils y avoient été prins et payé les amendes.

Pourquoy disoient que veu ce que dit est leur prétencion estoit bien et dument fondée, requerroient et concluoient à ce que lesd. lieux selon les limites cy devant déclarées leur fussent adjugée comme du terroir banc et finage dud. Blescourt offroient faire apparoir de leur fait et demandoient dépens, dommages et interests.

Et de la part des habitants de Fronville que sapieca a cause quelz estoient grand nombre de gens et navoient finage ne terroir suffisant pour leur entretenement et nourriture de leur bestail, veaus que par necessité et contrainte ils estoient en voye d'absenter lesd. lieux sachant et considerans que par l'auctorité de mesd. seigneurs ils pourroient obtenir d'eux le terroir et finage dud. Sombruz contigu et joignant à leur finage qui est un aborné contre ceux de Mussey de Ferrières de Blescourt et autres lieux voisins à costé ainsi dès l'an mil quatre cent quatre vingt quatorze s'estoient tirez du costé devers reverend père en Dieu monseigneur frerre Jehan du Chastelet lors abbé dud. Sainct Urbain pour lui faire remonstrance de ce que dit est en l'intention d'obtenir qu'ilz et leurs successeurs habitans dud. Fronville eussent par octroy de mesd. seigneurs auxquels competoit et appartenoit la seigneurie dud. Sombruz permission et licence des usages et pasturages dud. finage dud. Sombruz qui pour lors estoit inhabité moyennant certaines redevances annuelles que lesd. de Fronville en payeroient tous les ans et lequel seigneur abbé bien advertis de ce des lors pour retenir les habitants dud. Fronville aud. lieu et affin ne s'en allassent demeurer autre part et que les droits de l'esglise n'en fussent diminuez desirant l'accroissement rentes et revenus dicelles avoit octroyé à iceulx habitants de Fronville quelz se pourroient accroistre en et partout le finage dud. Sombruz pour y rompre, copper bois, cultiver et labourer tous héritages vaccans estant en iceluy finage, en réservant aucun qu'il eut excepté et retenu à soi et à sad. eglise en payant le jour Sainct André telle et semblable redevance qu'ils étoient tenu de payer des autres héritages qu'ils tenoient aud. Fronville appartenant à lad. église, encore leur avoir esté permis de pouvoir copper bois mort par tous les accruz et broussailles dicelui finage de Sombruz et de champorer et vain pasturer en toute saison de l'année toutes leurs bêtes grosses et menues aussi d'y pennager leurs porcs en temps de graines sans en payer aucune redevance. Lesquelles permissions et octroys avaient esté faictes soubz les modisfications, reservacions et promesses contenues es lettres qui disoient leur y avoir esté pour lors données, octroyées en vertu desq. lettres de permissions contenant obligacions reciproques tant d'un costé que d'austre comme disoient iceulx habitans de Fronville et des lors que lesd. lettres avoient esté faictes, ilz s'estoient mis en possession et usage de Sombruz dessus declaré et en icellui avoient coppé bois, labouré, cultivé, pennagé vain pasturé et fait comme bon leur avoit semblé et en avoient joy tant publiquement et paisiblement au veu et sceu desd. habitants de Blescourt sans contredict ne empeschement aucun. Aussi en avoient payé à mesd. seigneurs ou à leurs receveurs aud. Sainct Urbain les droits et reddevances auxquels ils s'estoient soumis par chacun an par lesd. lettres doctroy. Et jusques à ce que lesd. habitans de Blescourt nous avoient presenté lad. requeste à laquelle ils avoient bien et duement répondu parce que dit est dessus et disoient iceulx habitans de Fronville que leur prétention estoit bien et duement fondée et que leur debvoirs adjuger leurs fins et conclusions ci-après declarées à l'encontre desd. habitans de Blescourt. Disoient oultre en répondant ad ce que iceulx de Blescourt maintenoient par leurs escriptures que la borne en manière de chayin (?) du grain de la perrière de Sombruz faisoit la séparacion du finage dud. Blescourt et Ferrière que icelle borne ne faisoit la séparacion desd. finages, mais faisoit lad. borne la separacion dud. Fronville à cause du droit quilz avoient aud. finage de Sombruz contre le finage de Ferrieres en tirant dicelle bornes droit à la borne qui estoit sur le chemin d'auprès la fontaine du Bouvot en tirant devers Blescourt à la borne des Monjoyes ainsi que la basse et marque leur avoit esté faicte et ce avoient iceulx habitans de Fronville joy du bois de Braconnisset et non lesd. de Blescourt. Pourquoy requeroient que par nostre sentence deffinitive fust dit que iceux habitans et manans de Blescourt navoient cause action ne raison vallable de faire la poursuite quilz faisoient à l'encontre diceulx habitants de Fronville. Mais que iceulx de Fronville estoient en bonne possession de l'usage du finage dud. Sombruz et que à eulx appartenoit par le titre dessus dict led. droit dud. usage, pour en icelui finage pennagier vain pasturer leurs bestes, labourer, cultiver, extirper et copper bois selon la teneur de leurs lettres en deboutant iceux de Blescourt de leur poursuite. A ces fins concluoient lesd. habitants de Fronville offroient faire aparoir de leurs faits et demandoient despens dommages et interest.

Et eussent icelles parties produict par devers nous et led. adjoint plusieurs témoings tant d'une part que d'autres en vertu des lettres de commissions sur ce par nous donnée auxquels témoings faisant faire serment de dire et déposer la vérité de ce sur les faits et articles de leurs escriptures mises en court sur lesquelles actrant et produit seroient respectivement icelles parties présent et appellées suffisamment a ce devoir faire. Lesquelz temoings eussions oyz et interrogez à la dilligence dicelles parties, présentes lesd. adjoints pendant les delays des premiers, seconds, tier et quart productions et règles et leurs dits et responses mises et reddigées par escripts ainsi que contenu est ès enquestes par nous sur ce fait à leurs dilligences. Pendant lesquels delays icelles parties eussent produict et mis pardevers la court tout ce que bon leur auroit semblé selon le contenu de leur inventaire et eussent depuis conclu et enquesté de tesmoings et requis avoir noms et surnoms des tesmoings examiné tant d'une part que d'autre pour les raprocher avec coppie de lettres et titres pour iceulx contredire et prosterneront huit jures de bailler salvacion au contraire et que leur octroye asines (?). Et pour ce faire leur eussions assigné jour au prochain jour lors par nous à tenir commencé pour présentacions le vendredy jour de la chayre Saint Pierre vingt deuxième de février l'an mil cinq cent et neuf auquel jour icelles parties comparans souffisamment nous eussent declarés qu'elles renoncoient à reproches et contredic et consentement que droit et jugement leur faist par nous dit et fait sur lesd. proces en l'estat qu'il estoit et pour ce faire leur assignâmes jour à huit, dacte de ces presentes.

Savoir faisons que veu par nous led. procès entre lesd. parties qui est pour raison dud. bois Braconnisset que chacune desdites parties maintenant à elle appartenir en usage assavoir les habitants de Blescourt comme estant assis et situé en leur bon finage, et lesd. habitans de Fronville comme estant assis au finage de Sombruz qu'ils disent à eux appartenir au moyen de certains assencements ou prinses par eux faits de mesd. seigneurs dud. lieu Sombruz, Fronville et Blescourt ; vu aussi les escriptures enquestes et productions desd. parties, la renonciation à reproches et à appointement contenant consentement doys droits sur le tout, le procès en l'estat qu'il est après que lesd. parties ont vue et recognu les procès mise en leur sac selon le contenu en leur inventaire ou partout advis et deliberacion du conseil. Nous avons dit et disons que lesd. de Blescourt ont mieulx et plus avant prouvé leurs possessions et jouyssance dud. bois de Braconnisset et qu'il est situé et assiz en leur finage que n'ont lesd. habitans dud. Fronville qu'il fust dud. Sombruz et par ce avons déclaré led. bois estre aud. ban et finage de Blescourt et que lesd. de Fronville n'ont aud. Sombruz, ny ont droit et compensons les despens de ce present procès par nostre sentence deffinitive jugement et adroit dont les dits habitants de Fronville ont appelé. En temoing de ce nous avons scellez ces présentes de nostre scel, ainsi furent faites et prononcées en jugement lesd. comparants assavoir lesd. de Blescourt par Jacob Grangé et lesd. de Fronville par Mougin Michaut leur procureur es jour par nous tenus aud Sainct Urbain commancant pour présentation le vingt septième jour de juin l'an mil cinq cens et dix.

Signé : CHALONS
avec paraphe.

Parchemin : au dos : Abornement de Blescourt et de Frouville sur une traduction faite à Saint-Urbain le 17 mai 1785 par Joseph Vidot, on lit en outre :

« Collationné à loriginal escript en parchemin scellé à double queux pendante cire rouge a été fait par nous, notaire vicomté et baillage de Vignory soussigné à requeste des manants habitants de Blecourt le troisième jour de novembre mil cinq cent soixante et dix signé Tripotin avec paraphe et Finot, notaire avec paraphe.

(ARCHIVES DE BLÉCOURT).

IV.

A tous ceulx qui ces présentes lettres verront Claude Gruere, garde du scel de la prevosté de Wassy de par le roy nostre sire, salut et savoir faisons que pardevant nous garde et Claude le saint clerc notaires jurez du roy mon dit seigneur et de par luy à ce faire establi en la dite prevosté furent présents en leur personnes Claude Gillot, Pierre Aubertin, Mougin le fol, Gerardin, Granger, Jehan Granger le jeune, Huguenin, Granger, Jacques Vincent, Jehan Adam, Mougin Perrein, Jehan le fol, Jehan Barbier, Jehan Choquet, Jehan Guyot le jeune, Loys Adam, Loys Jehannette, Florentin Briel, Jehan Potin, Guerin Aubertin, Renault Masson, Nicolas Potin, Claude Gillet, Jehan Delignon, Didier Granger, Jehan Martin, Oudotte, veuve de feu Claude Perin, Isabel, veuve de feu Claude Potin, Baudechou Picard, Claude Lignon, Parizot Royer, Urbain Royer, Oudotte veuve de feu Colin Logier, Estienne Philippe, Bachemont Gillot, Jehan Philippe, Urbain Potin, Toussainte Boyer, Jehan Leblond, Jehan Guyot l'aisné, Jehan Pignon, Henri Grivet, Guillemin Lyonnare, Jehan Vicare, Nicolas Granger, Simon Triboul, Jehan Aubertin, Didier Thiellant, Didier Liebaux et Jehanne veuve de feu Gerard Lyonnel, tous manans habitans du village de Blescourt faisant la totalité des habitans et communaulté dudict lieu et encore eulx faisons et portons fors pour les absens saucune y en a et promectans leur faire ratifier le contenu en ces présentes touteffois et quand que requis en seront sur peine de despends dommages et interets d'une part.

Et Messieurs les vénérables religieux abbé et couvent de Sainct Urbain seigneur dud. Blescourt par Jacques de Nanteuil leur procureur en leur terre et seigneurie d'autre part.

Et recognurent memement lesd. habitans ausdit noms que dessus, de leurs bonnes volontez, sans force, que comme cejourdhuy lesd. seigneurs venerables les ayant main mis et affranchis des conditions de main morte, poursuite et fort mariage et autre conditions serville plus à plain contenue et mentionnée es lettres dudit affranchissement desquelles la teneur s'ensuit.

A tous ceulx qui ces présentes lettres verront et orront Charles de Lorraine, par la permission divine archevêque et duc de Reims, premier pair de France, legat né du Saint Siège apostolique, abbé commendataire et administrateur perpetuel de l'abbaye de Sainct Urbain de l'ordre de Sainct Benoist au diocèse de Chaalons et tout le couvent du même lieu savoir faisons ;

Que comme les manans et habitans de nostre terre et seigneurie dud. Blescourt nous ayant par plusieurs foys remonstré et fait remonstrer que à cause de la vendition de main morte poursuite et fort mariage en laquelle ils et leur predecesseurs ont esté et sont affectés envers nous tant en leurs personnes meubles que heritages immeubles bout de vie et trepas sans hoir de leur corps estant en leur scel plusieurs leurs enfans et autres leurs parents sont demeurés en grande pauvreté et misère frustrés des biens et successions qui tant de droict de coutume leur devoit échoir à l'avenir et lesd. biens et successions à nous eschuz et advenuz par le moyen dudict droit de main morte et si ne pouvoient..... marier leurs enffans ne prendre alliance avec leurs voisins à cause dudict droit de formariage, ne faire cleres les dittz enffans sans notre consentement, aultrement encourroient en grandes peines ou amendes envers nous à l'arbitrage de notre justice, au regard à leurs qualitez et facultez. Et à ce moyen plusieurs de leurs dicts enffants sont demourez et demeurent souvent sans estre mariez, ne pourvuz aux ordres de clericature et aultre saincts ordres à leurs prejudice interests et dommage, perte et depopulation de la dicte terre et seigneurie se par nous la dicte condition serville n'estoit ostées et abolies et lesd. habitants nos hommes et subjectz mainmunis et affranchy et lesdictz droitz commis en aultre reddevance annuelle raisonnable et à eulx supportables pour vivre et eulx et leur postérité entretenu soubz nous et noz successeurs nous requerrant humblement vouloir à ce entendre et leur accorder leur dicte requeste offrant pour et au lieu dudict droit nous bailler et payer par chacun an la somme de dix livres tournois de taille ou cens aborné à ung ou à deux termes en l'un qu'ilz disoient estre plus que le profit que nous avions vendu passé et pourront avoir à l'advenir à cause des dicts droicts de main morte poursuite et fort mariage à laquelle requeste desirant humainement traiter nos dicts hommes et subjects et les descharger des dictes vendicions traictes et advises sur ce que dict est par noz vicaire spirituel et temporel et aultres nos officiers dudict Sainct Urbain... esdicts religieux couvent pour ce capitulairement assemblé et faict veoir et extraire des comptes de nostre dicte abbaye de Sainct Urbain au chapitre dudict Blescourt et part tout........ tout le prouffict à nos escheus et advenus audict Blescourt à cause des dicts droits de maĩn morte par suicte et formariage ès vingt dernières années dernières et consécutives precedans le present traicté par lequel extraict nous est apparu le dict prouffict n'avoir monté par chacun an comme les dictes années portent que la somme de dix livres seize sols neuf deniers tournois, pourquoy ouy délibéracion de conseil et pour le prouffict et utilité de nostre dicte eglise et abbaye avons mainmis et affranchy, manumettons et affranchissons tous nos dicts hommes subjects et leurs hoirs successeurs et habitans de nostre dict villaige et seigneurie de Blescourt des dictes condicions de main morte poursuite et formariage ensemble tous leurs héritaiges quils tiennent et possèdent tiendront et possedront cy après et partout le finaige et justice dudict Blescourt et ce avons consenty et consentons que dorenavant nos dicts hommes et subjects et leurs dicts hoirs et successeurs puissent succéder les uns aultres soit de ligne directe ou collaterale, marier leurs enffans ou bon leur semblera et iceulx tonsurer et faire tonsurer et pourvoir aux saincts ordres et fonctions, aultres actes que franches et libres personne, peuvent faire, fors et excepté que nos dicts hommes et femmes dudict Blescourt ou aucun deux se marieront et allent en demeurance en aulcunes de nos aultres terres et seigneuries dépendantes de nos dictes église et abbaye lesquelles nous avons prins droict de main morte porsuicte et fortmariage nature et redevance que nos dicts hommes et subjects demeurant en nos dicts autres seigneuries et se tiendront les héritaiges qu'ils auront en nos dicts seigneuries autres que dudict Blescourt affect à la dicte condicion de main morte comme sont les dicts demeurant icelle soit que nos dicts hommes et subjects dudict Blescourt soient demeurant audictes autres seigneuries. de main morte ou non, lequel affranchissement nous avons fait et faisons moyennant et parmy ce que pour et au lieu de la dicte main morte poursuite et fort mariage et aultre servitude ci dessus mentionnée mes dicts hommes et subjects demeurant audict Blescourt ou y tenant heritages et leurs successeurs et tous aultres tenant heritaiges aud. lieu de quelque estat ou condition qu'ils soient seroient tenuz et ont promis nous payer ou à nostre recepveur dudict Sainct Urbain par chacun an à deux termes.

Assavoir ès jour de Nativité Sainct Jehan Baptiste ou huit jours après par esgale portion la somme de douze livres tournois de tailles et cens aborné qu'ils seront tenus jetter et imposer sur tous les heritaiges assis au finage dudict Blescourt fort et excepté les heritaiges à nous à nostre dicte eglise appartenant et desquelles nous sommes en jouissance et possession qui ne sont ou seront aulcunement affectés à ladicte taille et cens et seront nos dicts hommes et subjects tenuz icelle taille et cens lever à leurs frais et dépens et payer à nous ou à nostre dict recepveur à chacun des dicts termes sous peine de soixante solz tournoiz damende pour chacun diceulx paiement et terme laquelle somme de soixante sols tournoiz damende iceulx habitans nos dicts hommes et subjects pourront imposer esgaller et lever sur les deffaillans à payer leur dicte cotte et commencera le premier terme de paiement au jour de Nativité Sainct Jehan prochainement venant que lon dira mil cinq cent quarante, et pour ce faire jetter imposer et lever icelle taille et cens se pourront lesdicts habitants nos hommes et subjects assembler une foys ou plusieurs pardevant nostre justice audict Blescourt, présents et assistants nos procureurs et receveurs dudict Sainct Urbain, ou eux appelés pour elire dentre eux gens ydoines souffisans pour le fect et impost de la dicte taille et cens et icelle lever et payer comme dict est et ont les dicts habitans dudict Blescourt mesdicts hommes et subjects ou leurs dicts clercz et depputez seroient refusant au delay mis dicelle taille et actes lever et contraindre lesdicts habitans leurs successeurs et chacun deulx seul et pour le tout mis choix au paiement de la dicte taille et cens pour autant quil nous en sera du ensemble par ladicte amende, ou amendes des deffaulx de ne scavoir es dicts jours et terme payé et ce par la prinse saisine et exploitacion de leurs corps et bien comme pour les propres deniers et affaires du roy nostre sire sans qu'il nous soit besoin ou requis nous en prendre ou adresser à tous ceulx de la dicte communaulté ni à parties diceulx fort à tel ou à tel des dicts habitants que bon nous semblera et ce nonobstant le privilege de division introduicte de droit et de discussion de commencer premier aux meubles et héritaiges que aux corps et aultres priviléges coustume ou comme observance au contraire auxquelles iceulx habitans ont renoncé et derogé, renonçons et dérogeons quant à ce et au cas que nos dicts hommes et femmes dudict Blescourt ou auculn d'eux voisins demeurer ou résider ailleurs que audict Blescourt, ils pourront tenir et posséder les heritaiges quilz auront audict Blescourt lorsque sen departiront et autres qui leur pourront eschoir par droict successif à la charge touteffois de la dicte taille et cense de douze livres tournois pour leur cotte, deffault et amendes cy dessus designée et aultres censes, redevances reelles dont iceulx habitants seront chargés mais ilz ne les demeurants audict Blescourt ne pourront vendre ni aultrement transporter lesdictz heritaiges à gens et non residant audict Blescourt sans nostre congé et licence sous peine de perte des dictz heritaiges et demoureront nos dictz hommes et subjectz demourant audict Blescourt et finaige d'illec à nous justiciables en premiere instance pardevant aultre juge que pardevant nostre justice dudict Blescourt ou dudict Sainct Urbain sous peine de soixante soulz tournois d'amende pour chacune fois qu'ils feront le contraire si ce nest en cas de ressort ou pour cas de matière privilegié, tant par droict que par les ordonnances royaux et se demeureront et demeurent redevables envers nous de toutes aultres redevances tant personnelles que reelles qu'ils sont tenuz et ont accoustumé par cy devant nous payer et à nostre dict monastère et oficiers et aultres aux d'icelluy monastère tant spirituel que temporel assavoir :

Droit d'acceans qui est telle que chascun chef d'hostel avec une beste trahante nous doict huict solz tournoiz et pour chascune beste trahant quilz auront pardessus la premiere beste quatre solz tournoiz et pour chacune beste quilz auront non trahant se nous doibvent ils huict solz tournoiz pour chacun chef et pour chacune grosse beste surannée quatre deniers et pour chacune menue beste aussi surannée ung denier au jour de feste Sainct-Estienne troisieme jour d'aoust pour chacun an et seront tenuz de declarer leur dictes bestes par serment pardevant nos officiers sans fraude ni recelle sous peine de soixante soulz tournoiz et confiscation de la beste recellée. Et nous payeront et continueront le payement de toutes nos censives droits de lots et ventes à raison de vingt solz et un denier tournoiz de touz heritaiges qui seront venduz ou aultrement alienez par contract equipolent et vendu et partout le finaige et justice dudict Blescourt quilz seront tenuz remettre à nous ou à nos officiers dudict Sainct Urbain et en faire le veste et deveste et leurs mains dedans quarante jours prochains suivant lesdictes allienations sous peine de soixante solz tournoiz damendes touteffois quilz feront le contraire et sans préjudice de noz aultres droictz seigneuriaux. S'aucun en y a auxquel droit ny auculn d'iceulx nous n'entendons aucunement deroger ny prejudicier par ces presentes et seront nos dictz hommes et subjectz tenuz et ont promis nous bailler et passer contre lettres sous scel royal des choses dessus dictes et pour la conservation advenir du droict de nostre dicte eglise et actuelle observations desdictes choses et chacune d'icelle avec toute soubmission en tel cas requis et pour l'accomplissement et entretenement desdictes choses nous abbé et couvent avons par la foy et serment de nous et sous l'advis de nos religieux chargé et ypothequé chargeons et ypothequons pour nous et nos successeurs le temporel de nos dictes eglise et abbaye de Sainct Urbain iceluy soubmis et soubmettons juridiction du roy nostre sire et toute aultre juridiction tant spirituelle et que temporelle et par le mesme serment avons promis et promettons pour nos et nos dicts successeurs tenir ferme et estably cette presente manumission et affranchissement sans aulcunement y contrevenir renoncant a touts relief de prince et a toute exception et autre choses chargées et contraire a ces presentes. En temoing desquelles choses nous avons fait signer ces presentes paraphes et icelle du consentement et de ceux de nous lesdicts abbé et couvent ce dix septieme jour de Janvier mil cinq cents trente neuf.

Et pour satisfaire de toutes parts au contenu desdictes lettres de manumission que le contenu desdictes lettres est veritable prommettons et ont promis par leur foy et serment de leurs corps

BIBLIOTHÈQUE NATIONALE IMPR.

pour ce fait et prestés ès mains de nous, garder et de l'autre jurer satisfaire et payer, fournir, entretenir et accomplir de leur part les charges, redevances, mentionnées ès dictes lettres d'affranchissement trouvert jours et selon quil est contenu en icelle tant par eux que par leurs successeurs habitants dudict Blescourt sans y contrevenir aucunement et tenir lesdicts seigneurs venerables et leurs successeurs stipulant par ledict de Nanteuil leur procureur et pour ce faire en ont obligé et obligent tous leurs biens et de leurs hoirs et ayant cause tant meubles que immeubles presents et advenir et que de leurs hoirs et auront le droict et à cause tant en general que particulier à la juridiction et contraincte du roy nostre sire et de ses gens connus pour chose connue et adjugée endroit et pour tout coust et dommage qui se pourront ensuivre dou le porteur de cette sera cru par son simple serment sans aultre preuve faire renoncant et ont renoncé iceulx habitants au benefice de division et discussion ainsy est selon quil est contenu esdictes lettres de manumission cy dessus et à toutes les exceptions introduites et permis de droict generalement à toute chose quelconque, que l'on pourroit dire et proposer contre ces lettres ou leur teneur lesquelles en temoing de ce nous garde des susnommé à la relation des autre jurez avec nos seins manuels, cy avons lesdictes presentes scelé du scel de ladicte prevosté et de nostre contre scel sauf tout droicts.

Ce fut faict et passé le dix septiesme jour du mois de Janvier l'an de grace de Nostre Seigneur mil cinq cent trente neuf.

Signé : Gruez, avec paraphe et Le Sain, avec paraphe.

(Parchemin, sceau enlevé. Arch. de Blécourt.)

V.

Ego Simon dominus Joinvillæ notum fieri volo tam modernis quàm posteris quod in sylvà de Mathons villam de novo construere decrevi liberam secundùm libertatem Bellimontis, sed quoniam ea quæ facere proposui robur obtinere debent firmitatis ne deleri valeant aliquatenus vel immutari, litterarum memoriæ sunt commendenda. Idcircò præsenti scripto dignum diximus annotare quod sicut jàm diximus, in sylvâ meâ de Mathons villam novam construere cœpi, cui ejusdem sylva nomen impositum est, scilicet Mathons et consuetudines et libertates in eâ posuimus quæ subscriptæ sunt.

Statuimus ergò, dilecti in Christo filii et fideles nostri, et vobis perpetuò concedimus ut burgensis qui in eâdem villâ domum vel extrà muros hortum habebit, annuatim nobis duodecim denarios persolvet videlicet in Natali Domini sex denarios, et sex denarios in nativitate Sancti Joannis Baptistæ et qui infra tertium diem post terminum assignatum eosdem sex denarios non persolverit, per duos solidos forisfactum emendabit. Licebit vobis et quibuslibet aliis ibi quodcumque volueritis emere et vendere liberè el quietè sine guionagio vel theloneo persolvendo — De unâ quâcumque falcaturâ prati singulis annis in festo Sancti Remigii quatuor denarii nobis persolventur. — In terrâ quæ jàm culta est de duodecim gerbis duas habebimus. — In terrâ verò quæ in nemore extirpabitur de quatuordecim gerbis duas tantùm habebimus. — Tantùm terræ unicuique burgensi dabitur quod in eâ serere possit unum modium bladi ad mensuram Bellimontis — Nos quoque ibi furnos faciemus qui nostri erunt ubi vos panem vestrum ad coquendum per bannum afferatis et de viginti quatuor panibus unum persolvetis nobis. — Molendum ibidem faciemus et vos ad molendum per bannum illic veniatis et de viginti sextariis annonarum unum persolvetis sine farinâ dandâ. — Si quis accusatus fuerit super decimis vel terragiis malè solutis vel de banno molendinorum et furnorum infracto, juramento proprio se purgabit. — In eâdem villâ assensu omnium vestrum jurati instituuntur de major similiter qui fidelitatem nobis jurabit et de redditibus et proventibus villæ ministralibus nostris respondebit, sed nec ipse major, nec ipsi jurati ultrà annum nisi voluntate omnium in officium suum remanebunt, præterea si cui vestrûm placuerit vel aliquâ necessitate coactus fuerit suam vendere hæreditatem, unum nummum venditor et alium emptor dabit majori et juratis, quorum unum major habebit et alterum jurati. — Si quis burgensis ad inhabitandum ibi primùm advenerit in introitu suo unum nummum majore et unum juratis dabit, et ità libere, prout ei dividetur a majori accipiet masurum et terram. — Statuimus etiam et in posterùm decrevimus observendum quod omnis contrà quem clamor factus fuerit qui super duos legitimos testes convinci possit tres solidos dabit, duos solidos domino Joinvillæ, majori sex denarios, adversario sex denarios. — Si quis aliquem mendacem dixerit et inde clamor ad majorem et juratos pervenerit, si comprobatus fuerit testimonio duorum burgensium, quinque solidos solvet, domino quatuor solidos et dimidium et sex denarios majori ; et si ille testes non habuerit alter juramento se purgabit. Si aliquis aliquid de lege dixerit vel aliquid quod æquipolleat isti vitio, decem solidos solvet, domino sex solidos, majori duodecim denarios et juratis duodecim denarios. Si testes non habuerit alter, solus juramento se purgabit. — Si quis violenter manus in alium injecerit absque armis, quadraginta quinque solidos solvet, domino triginta octo, majori duodecim denarios, juratis duodecim denarios et verberato quinque solidos, et si verberatus testes non habuerit, alter duorum legitimorum virorum juramento et suo se purgabit. — Si quis aliquem invaserit armis violentiæ, absque percussione, legitimo testimonio convictus, sexaginta solidos solvet, domino quinquaginta octo, majori duodecim denarios et juratis duodecim denarios. Et si legitimo testimonio convinci non possit, juramento duorum hominum et suo se purgabit. — Et si vulnus ei fecerit centum solidos solvet, Domino quatuor libras, duos solidos minùs, majori duodecim denarios, juratis duodecim denarios, vulnerato viginti solidos et expensam pro plagâ sanandâ, et sic testimonio septem burgensium se purgabit. — Et si vulnerato absciderit ei membrum vel interfecerit eum, legitimo testimonio convictus, ipse et suâ sub dispositione Domini erunt. Si quis, se deffendendo, aliquem percusserit vel ei sanguinem fecerit, testimonio duorum virorum et suo se purgabit et si alter voluerit, bello resistere poterit et si ei membrum absciderit vel ipsum interfecerit se deffendendo, judicio se purgabit et qui eum accusaverit expensos judici solvet et erunt in dispositione Domini. — Si alter alterum in domo suâ violenter invaserit, legitimo testimonio convictus, centum solidos solvet, domino quatuor libras et ei qui invasus fuerit decem et octo solidos, majori duodecim denarios, juratis duodecim denarios. — De omnibus forifactis quibus reum purgare necesse fuerit, testimonio nostrorum burgensium se purgabit. — Clamans de omni falso clamore tres solidos solvet, Domino duos solidos, majori sex denarios, et innocenti sex denarios. — De hereditate falso inclamans, viginti solidos solvet, Domino decem octo solidos, majori duodecim denarios, juratis duodecim denarios. — Si quis ultrà fines de Mathons alterius hereditatem inclamaverit, nisi per testimonium majoris et juratorum illud probare poterit, viginti solidos solvet prædicto more, et si alter judicio perdiderit similiter viginti (solidos) solvet eo modo. — Si quis per diem et annum heræditatem suam sine contradictione hominis in villâ manentis habuerit liberam, deinceps obtinebit. Nulli burgensium de Mathons ad aliam justitiam clamorem transferre licebit, quamdiù alter justitiæ villæ stare voluerit et si super hoc ei damnum fecerit, decem solidos solvet et ei damnum restaurabit, scilicet Domino octo solidos, majori duodecim denarios juratis duodecim denarios. Burgensis qui juratus extiterit post terminum suum de omnibus quæ audierit et viderit, non plus quàm per annum et diem testimonium jurati portare poterit. — Si de alienæ domûs incendio vel de furto, vel de homicidio quoque modo, vel de raptu alium accusaverit, si de expensis et de hoc quod judicatum fuerit fide jussores dederit accusatus judicio aquæ se purgabit et si securitatem non dederit, viginti solidos solvet et si accusator in judicio salvus fuerit, accusator expensas judicii persolvet et novem libras. — Quidquid factum fuerit ante juratos absque contradictione stabile erit. — Quilibet venditionem suam usque ad tres solidos solâ manu probare poterit. — Qui res suas alicui crediderit per duos ejusdem villæ idoneos testes usque ad decem solidos probabit. — Si quis de rebus creditis plus decem solidos super aliam reclamaverit cum testimonio burgensium alter bello contradicere poterit. — Si quis res alienas ad Mathons detuleriet, ille qui reclamabit quantum per duos legitimos testes de partibus suis probare poterit, obtinebit, nisi alter bello retinere poterit. Quod si undè restituat oblatas non habuerit, id quod habet reclamanti dabit nec in Mathons remanebit, nisi ejus permisserit cui res abstulerit ; salvum tamen conductum de villâ accipiet. — Si quis contradixit judicio juratorum et eos de falso judicio per testimonium juratorum Bellimontis comprobaverit, centum solidos solvent jurati; si autem eos convincere non poterit, centum solidos solvet et expensos juratorum, Domino videlicet sexaginta solidos, majori quinque solidos, juratis quinque solidos — Judicium juratorum stabile erit nisi aliquis accepto statim concilio judicium contradixerit. — Si quis hæreditatem alterius in vadio habuerit, per annum et diem, illam servabit et post annum et diem majori et juratis monstrabit et illi quid de hereditate facturum sit (ordinabunt). — Si quis alicui extraneo injuriam fecerit, si comprobatus fuerit consideratione juratorum, illud emendabit et si comprobatus non fuerit, juramento se purgabit. — Si quis burgensis de Mathons virum ejusdem villæ percusserit, centum solidos solvet, majori duodecim denarios, juratis duodecim denarios, verberato decem solidos et si vulnera fecerit, viginti solidos Domino verò reliquos. Si etiam extraneum flagellaverit sexaginta solidos solvet, majori duodecim denarios, juratis duodecim denarios, flagellato decem octo solidos, domino autem reliquum. — Si burgensis ejusdem villæ hominem extraneum verberaverit, quadraginta solidos solvet, majori duodecim denarios, juratis duodecim denarios, verberato decem solidos, Domino reliquos. Et si extraneus burgensem, totidem solvet. — Si quis repertus fuerit a custode colligendo racemos alterius vineæ et segetes alterius, quinque solidos solvet, Domino quatuor solidos, sex denarios custodi, majori sex denarios et si alius quàm custos illum invenerit colligendo, juramento se purgabit et si jurare noluerit, quinque solidos solvet, prædicto more, et damnum restaurabit, consideratione juratorum. — Et si quis repertus fuerit in horto vel in pomario alterius, damnum faciendo, duos solidos solvet et sex denarios, Domino duos solidos, majori sex denarios et consideratione vicinorum damnum restaurabit. — Et si extraneus colligendo repertus fuerit in vineâ vel in horto, vel in pomario, vel in segetibus, custodi duos denarios dabit et jurabit se nescire consuetudinem villæ. — Et si jurare noluerit, quinque solidos solvet, Domino quatuor solidos, majori sex denarios, custodi sex denarios. — Pueri infra quindecim et decem annos si reperti fuerint similiter, duodecim denarios solvent juxtà dispositionem juratorum. — Si quis minas violenter injecerit in majorem vel juratum, absque ictu annorum, centum solidos solvet, Domino quatuor libras, duos solidos minis, percusso viginti solidos, majori duodecim denarios, juratis duodecim denarios. — et si eum vulneraverit ipse et sua in dispositione Domini erunt. — Similiter et si juratus burgensem verberaverit, eodem modo plectitur. — Mulier quæ mulieri convicia dixerit duorum vel duarum testimonio convicta, quinque solidos solvet, Domino quatuor solidos, majori sex denarios et cui convicia dixerit, sex denarios. — Et si nummos solvere noluerit lapides ad processionem portabit die dominica in camisià suâ — Et si viro dixerit convicia, testibus convicta quinque solidos solvet. — Et si vir mulieri convicia dixerit, quinque solidos solvet (soli medio dividendos). — Si quis extraneus intra metas villæ venerit pro quocumque forifacto, excepto furto et homicidio, securus excipietur et tamdiù ibi remanebit quoadusque ad locum sibi securum statuetur; — vel de furto vel de homicidio licebit eum defendere si voluerit. — Si quis de furto per suspicionem accusatus fuerit nisi testimonio duorum legitimorum virorum se excusaverit, judicioque se purgabit. — Si quis de forifactis prædictis emendationem solvere nequiverit id quod habet ab eo auferetur et per annum et diem a villà excludetur, et si post annum et diem redire voluerit, consideratione juratorum, forifactum emendabit. — Si armenta reperiantur in vineis absque incursione, duodecim denarios solvent et in segetibus similiter sex denarios domino de duodecim denariis, decem denarios custodi, duos denarios de sex denariis, Domino quinque denarios, custodi unum denarium et consideratione juratorum damnum restaurabitur. — Alter alterius vadum pro debito suo accipere non poterit nisi de consensu majoris et juratorum et si absque consensu eorum acceperit, decem solidos dabit, Domino octo solidos, majori duodecim denarios, juratis duodecim denarios. — Tabernario in domo sua tantummodo licebit de venali suo vadium accipere, sed extra domum non licebit. — Si aliquis repertus fuerit in nemore marinum faciens vel carbones vel cineres, vel aliud quod ad alium locum transportet, excepto in novalibus, decem solidos solvet, Domino octo, majori duodecim denarios, juratis duodecim denarios. — Si quis dispositione majoris et juratorum et viginti discretorum burgensium ad honorem et utilitatem villæ statutum fuerit, stabile erit. — Si quis vero contradixerit duodecim denarios solvet Domino et factum illorum ratum erit. — Burgenses in exercitum domini ibunt ita quod ipsâ die vel in crastinâ ad Mathons (redibunt). — Dominus Joinvillæ dabit procurationem majori et juratis generaliter in anno singulis viribus quinque solidos accipient et major et jurati quandiù in officiis remanebunt de redditibus masuræ unicæ et horti singuli liberi erunt et quieti.

Adhuc in posterum concessimus burgensibus de Mathons per totam horum ubi ministrales nostri constituentur emere et vendere liberè et quietè, sine guionagio et thelonio persolvendo. — Hæc sunt consuetudines Bellimontis præter hæc omnia : — Unusquisque burgensium de Mathons annuatim persolvet domino Joinvillæ unam quartariam frumenti, qui vero carrucam dimidiam habebit unam minam, qui totam carrucam habuerit unum sextarium ad festum sancti Remigii solvendum. Hæc omnia rata et inconcussa permanere volens tam præsentis scripti patrocinio quam sigilli mei impressione confirmavi. Prestatimus etiam ego et frater meus Guido cum militibus meis juramentum nos hujus chartæ libertatem servaturos ne a quoquo temerè infringatur.

Actum anno gratiæ millesimo ducentisimo octavo mense junio datum per manum Gerardi tunc notarii (curiæ).

(Archives de la cure de Joinville.)

BIBLIOTHÈQUE IMPÉRIALE

TABLE.

BIBLIOTHEQUE IMPERIALE IMPR.

www.ingramcontent.com/pod-product-compliance
Ingram Content Group UK Ltd.
Pitfield, Milton Keynes, MK11 3LW, UK
UKHW012047240726
13965UKWH00003B/1105